JN408710

고려대학교 평생교육원 시창작과정
2022년 1학기 앤솔로지 18집

흔들리는 오두막집

고려대학교 평생교육원 시창작과정
2022년 1학기 앤솔로지 18집

흔들리는 오두막집

윤정한 외

문학공원

[엔솔로지를 펴내며]

다시 모임을 하며

김 순 진

오랫동안 가택연금에 걸려 살았다
민주화 투사도 아니고 범죄자도 아니건만
코로나19로 인해 2년여 신체를 구금당하며 살았다
그러다 2년여만에 남이섬으로 종강여행을 갔을 때
우리는 내면에 속에 살고 있던 소년 소녀들이 나와
나를 경쾌한 걸음으로 살게 했다
그 더운 날씨에도 쉴 새 없이 사진을 찍어대고
푸른 숲과 조형물들이 모두 친구였다
우리의 내면에 살고 있던 소년 소녀들
그들을 우리는 하마터면 아사시킬 뻔했다
그들에게 잔디밭을 보여주고
푸른 하늘과 뱃전에 부서지는 물보라를 보여 주어야
그들이 일어나 시를 쓰고 젊음을 가져다주는 것인데
우리는 그걸 잊고 살았던 것이다
젊어지고 싶은 자여, 떠나라
공원에 해변에 숲속에 그들이 자고 있다
내 속에 잠자고 있는 소년 소녀를 깨우라

차례

앤솔로지를 펴내며

초대시

시창작과정 참여작가

초대시

김순진

까닭

손

펜을 다섯 번 바꾼 사인

독립문과 식민지

껌

까닭 외 4편

김 순 진

그가 꼬끼오 울 때
우리는 무슨 연유인지 어리둥절하지 말아야 한다
밤새 어둠 속에서 까다로운 암호를 풀어내고야
저 닭은 새벽을 운다
세상에는 까닭 없이 우는 닭도
까닭 없이 우는 사람도 없다
온 가족을 깨워 일해야 하는 이유를
나팔처럼 불어주는 그에게 우리는 이유를 묻지 않는다
만삭의 몸으로 횃대를 뛰어올라 뜨거운 알을 선물하며
어서 식기 전에 드시라는 저 당당한 희생을 보라
내 배가 고프지 않으면 우는 아이에게 젖을 주지 않는
망각의 인간에게 내리는 불호령이 들린다

좌절의 뜨거움을 맛본 뒤라야
비로소 승리의 환호성을 지를 수 있는 것
꾀병이든 엄살이든 모두 병이니 감싸고 치료해주라는
어느 병원장의 치료방침은 지극히 타당한 것
아이가 학교에 가지 않겠다고 할 때
윽박지르지 말고 용돈을 주어라
가장이 직장을 그만두고 싶다 말할 때

어떻게 하려고 그러느냐
굶어 죽으려 하느냐 따지지 말라
그동안 우리 가족을 위해 아니꼬운 직장에 다니느라
정말 수고했다며 함께 재충전의 여행을 보내라

저 닭은 꼬투리를 달고 울지만
그런 연유에서 오늘 아침은 밝는다

손

연초에 토정비결을 봤다
유월에 손이 태어날 수라 했다
과년한 자식들은 아직 결혼을 꿈조차 꾸지 않는다
구월에는 손재수가 있으니 조심하라고 했다
원래 가진 게 없어 그런지 모르고 지나갔다
나는 지금 손이 열 개라도 모자랄 지경으로 바쁘지만
손으로 헤아릴 수 없을 만큼 돈을 벌어보지 못했다
손꼽아 기다릴 사랑도 없다
가끔 삐걱거리는 나무 벤치를 손보며 풍경을 흠모할 지라도
시에서 손을 뗄 용기가 나지 않는다
이제 내가 이 시업(詩業)에서 손 빼기란 쉽지 않다는 걸 잘 안다
모든 것은 내 손에 달렸다
손윗사람을 공경하거나 손아랫사람을 배려하느니
차라리 난해 시를 존경하며 동시(童詩)에 무릎 꿇는다
내겐 시를 돌보는 일이 밥 먹는 일보다 다급하다
돈을 많이 벌어 손이 크다는 소리를 들으며 펑펑 쓰고 싶기도 하다
그러나 나는 마냥 손해만 보는 일 같은 시쓰기가

자손만대 떵떵거리며 사는 일이란 걸 너무나 잘 안다
오늘 밤도 시린 손을 호호 불며 시 한 편 완성해놓고
두 손을 치켜 든다
시인 만세

펜을 다섯 번 바꾼 사인

- 지연희 시인께

출근길 연신내역에서 한 여류시인을 만났다
승강장 가운데쯤에서 타야 한다며 괜찮으냐고 물었다
나는 거리보다 사람을 택하겠노라며
바짝 팔짱을 끼고 따라붙었다
나는 경로석에 앉은 시인을 바라보고 섰다가
최근에 나온 공동시집을 드렸더니
사인해달라 하시며 만년필을 빌려주셨다
나는 존경하고 사랑합니다
섬기고 따르겠습니다 사인을 하고
시인께서도 최근 나온 시집을 꺼내 사인을 한다
그런데 사인하다가 때마침 잉크가 떨어져 만년필이 나오지 않는다
시인은 미리 써놓은 글씨의 색깔과 굵기를 맞추려고
다섯 개의 펜을 바꿔가며 사인한 시집을 내게 건넸다
문학소녀가 문단의 좌장이 되시는 동안 꿈꿔왔던 나날들
소나기 후 번지는 꽃잎처럼 들판을 모두 사인하고 싶었으리
여자란 편견을 사르고 병사처럼 세상을 사인하고 싶었으리
한 문학소녀의 마음을 문학소년으로 수줍게 받는다

독립문과 식민지

연신내 근처에 사는 나는
3호선을 타고 자주 독립문을 지난다
쌍방울과 독립문의 경계는
젊은 우리에게 참을 수 없는 이데올로기였다
나는 단 한 번의 눈짓으로 그녀의 식민지가 되었고
그녀는 쌍방울을 흔들다가 독립을 포기했다
결국 우리 둘 다 독립하지 못한 채
삼십 년 넘게 서로의 식민으로 살았다
백일섭의 졸혼, 그 숭고한 독립을 기다리기 위해
우리는 또다시 삼십여 년의 식민지 생활을 죽은 듯
살아내야 한다

오늘도 나는 데라우찌 총독을 피해
퇴근길에 술 한 잔 걸친 채
"청산 속에 묻힌 옥도 갈아야만 광채나네
낙락장송 큰 나무도 깎아야만 동량되네…"
자정 넘도록 학도가를 부르며 모처럼의 독립을 누린다

껌

그 작은 몸으로도 그 많은 졸리움을 깨운다
그 작은 몸으로도 그 많은 침묵을 부린다
그 작은 몸으로도 그 많은 거리를 지나친다
그 작은 몸으로도 그 많은 불안을 잠재운다
그 작은 몸으로도 그 많은 성실을 깎아내린다
그 작은 몸으로도 그 많은 자유를 생산한다
그 작은 몸으로도 그 많은 추억을 되새김질한다
그 작은 몸으로도 그 많은 허기를 누른다
그 작은 몸으로도 그 많은 방관을 부추긴다
그 작은 몸으로도 그 많은 겸손을 억제한다
그 작은 몸으로도 그 많은 건방짐을 가르친다
그 작은 몸으로도 그 많은 시간을 메운다
그 작은 몸으로도 그 많은 의미를 무시한다
그 작은 몸으로도 그 많은 위엄을 물리친다

이동재

무한리필
공공의 적
쥐뿔도 없는 무늬만 사장
초란 같은 삶
제 발등을 찍다

무한리필 외 4편

이 동 재

무한리필로 보내주는 세월에
젊음도 건강도 팔아버린 직원은
주인과 같이 무한리필 세월을 피하지 못한
노견 두 마리는 모녀 사이다
하는 일은 무한리필로 자고 또 자는 일이 주 업무
그러다가도 동족이 지나가면
여기는 내 구역이야 왈왈, 무한피릴로 짖는다

단골손님 중에는 앉아보라는 분
쓰다듬으며 마사지해주는 분
먹을 것을 주는 분
손님마다 리필방법이 다르다

나는 가족들에게 무한리필 엄마이용권은 주었다
무한리필 엄마이용권에는 현금도 예약도 필요 없다
옥상에서 농사지은 상추 쑥갓
원하는 부위 고기 먹을 수 있는 것은
며느리 전용의 무한리필 특권이다

옥상 파티에 덤으로 태양이 구름을 무한리필로 먹고

가고
  며느리는 신선한 야채에 건강이라는 양념을 곁들여
  무한리필로 먹는 호사를 누린다

  운동해서 살 빼라, 배 나온 아들에겐 무한리필로 잔
소리하면서
  잘 먹으면 무한리필 흐뭇하니 아이러니한 모순
  어쩔 수 없는 전형적인 무한리필 엄마인가 보다

공공의 적

어느 날 시작은 미약했으나
전 세계인을 떨게 하는 너
너는 형체도 없지만
존재가 된 지 오래다
신형무기도 너 앞에서는 무용지물
속수무책으로 너의 포로가 되지

동해 번쩍 서해 번쩍 하는 너는
잡히지도 않고 사라지지도 않는구나
너로 인한 피해와 불편함에
원망의 목소리가 들리지도 않은지
뚝심으로 삼 년 째 버티는 너란 존재
공공의 적인 줄은 아는가

다른 이웃까지 포위망을 좁혀오더니
드디어 남편까지 너의 포로 되니
죄 없는 나이든 노견 두 마리와 나는
집을 너에게 통째로 내주고 노숙 아닌 노숙자
일주일째 노숙자 신세이니니
온몸이 불편하다고 아우성이네

<

오랜만에 집에 돌아가서 푹신한 잠자리가
얼마나 행복한 일인지 새삼 느끼며
우크라이나 전쟁에 고생하는 피난민들이
얼마나 힘들까 생각하니 가슴이 아프다

무늬만 사장

상인은 비가 오나 눈이 오나 전을 열어야만 한다고
어느 시인이 쓴 글에 공감한다
한 곳에서 35년이란 긴 세월 열심히
오늘도 전을 열고 기다린다 그녀는
손님들은 자유롭게 유리문을 여닫는데
선뜻 벗어나질 못하는 그녀는
창살 없는 감옥에 스스로를 가둔다
봄꽃들의 향기에 세상 밖으로 뛰쳐나가고 싶은
욕망을 오늘도 짓누르고 참는다 그녀는

한방에 별을 따려는 아버지의 헛꿈에
자식은 고스란히 가난을 물려받았다
자식에게 가난을 물려주지 않으리라
다짐하고 다짐한다 그녀는

긴 세월 무던히 참고 노력했다
아들에게 변변한 아파트도 못 해준 채 결혼시키고
나이 먹은 딸 아직 짝도 없이 가끔 사기도 당하지만
오늘도 변함없이 전을 편다 그녀는
긴 세월 견뎌온 그녀는 점점 마음을 비워가며

공부에 대한 열망이 아직도 꿈틀댄다
전을 펴는 것보다 시를 쓰는 것은 어렵다
시어를 찾아 스스로 고생하는 현재진행형
쥐뿔도 없는 사장이다 그녀는

초란 같은 삶

어린 시절 계란은 현금이었다
엄마는 씨암탉이 낳은 계란을
지푸라기로 엮어 어린 손에 들려줬다
조심해서 들고 가라는 엄마의 당부가
지금도 귓가에 살아 있다

같은 반 친구의 엄마가 운영하는 점방에서
공책과 연필로 바꾸고 몰래 군것질도 했다
점방 집 딸은 양계장 집 아들과 결혼했는데
그 친구의 딸이 우연히 우리 집 이층으로 이사를 왔다
그 친구의 딸 아빠와 우리 집 딸 아빠는
정말 우연히도 귀신 잡는 해병대 동기란다
그 인연으로 가끔 초란을 보내기도 한다

어린 시절 초란은 너무도 귀한 존재여서
특별한 날 아니면 먹을 수 없었다
그 친구가 보낸 초란을 오크에 구워
문우들과 나눠 먹을 때면 마음까지 따뜻함을 느낀다
이리도 저리도 치우치지 않고 둥글둥글한
그런 시를 쓰는 초란 같은 삶이 되었으면 좋겠다

제 발등을 찍다

어린 시절 세 가구밖에 살지 않는
두메산골에 몇 년 살았어요
어느 날 아버지 친구분이 오셔서
용돈으로 삼십 원을 주셨죠
생전 처음 받아본 거금으로 학교 매점에서
공책은 조금 사고 군것질로 거금을 탕진했어요
며칠 뒤 아버지께서 그 돈으로
학용품 사고 아껴 쓰라 하셨죠
네, 대답한 후 한동안 공책 사달라 못하고
다 쓴 공책을 지우고 또 쓰는 수고로움이 뒤따랐어요
어린 마음에 탕진 사실이 들킬까봐
늘 조마조마했죠
몽당연필 될 때까지 쓰면서
다시는 거짓말을 하지 말아야지 다짐했어요
거짓이 사실인 양 평안한 것 같지만
거짓 속에는 진실게임 중이죠
거짓을 진실로 포장하기란 얼마나 어려운 일인가를
어린 시절에 깨달았어요
나이 든 지금도 거짓보다는 진실한 노력으로
최선을 다하는 삶을 살아가려 합니다

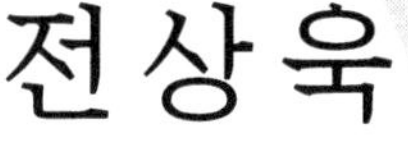

전상욱

곰피를 마시다
미소된장국
긁지 않은 복권
사과의 맛
괘종시계

곰피를 마시다 외 4편

전 상 욱

오늘 점심 밥상에 울릉도 앞 바다 한 접시 올라왔다
울퉁불퉁 투박한 생김새
심해 바위에 부딪히며 생긴 숨구멍에서 갯바람이 나올 것 같다

곰피 꿩피 개피 닭피 말피
몸피 새피 소피 양피 쥐피
기린피 노루피 돼지피 사슴피 여우피
고양이피 원숭이피 코끼리피 호랑이피

동물 혈관에 흐르는 피
사람 겉모습 몸피
깊은 바다 밑 바위 위에 자라는 곰피
서로 닮지 않은 피

밀물과 썰물에 온몸으로 부대낀 해초
오돌오돌 쌉싸름한 쇠미역
몸속 피를 맑게 해주는 곰피를 마신다

내 삶의 피로를 풀어주는 곰피에게

다시마가 마법의 주문을 외친다
다시마가 곰보되면 곰피되랴!

미소된장국

직장생활 35년
아득한 길 굽이쳐 돌아온 나는 초보 주방MAN이다

≪실습 5주차≫
4인분 기준 식재료 준비물
미소된장 3숟가락 물 1200㎖ 멸치다시팩 1봉지
두부 230g 팽이버섯 70g 쪽파 약간
식구들 아무도 모르게 내가 추가 한 것은
소리 없이 빙긋이 웃는 미소 세 소끔

준비물 완벽!
생애 첫 미소된장국 요리에 도전한다
냄비에 물 붓고 멸치다시팩 넣는다
두부는 주사위 모양으로 썰어야 하는데
삐뚤어진 하얀 조약돌이 되었다
팽이버섯의 밑동 싹둑 자르고
준비한 재료를 차례로 끓는 물에 투하한다

마지막 남은 나만의 비법
냄비를 향해 소리 없이 세 번 빙긋이 웃어준다

미소가 들어가야 제맛이지 하며 주방 시계가 맞장구 친다

내 이름은 전chef
은퇴남편증후군에서 벗어나려고 가사노동 분담 중이다

긁지 않은 복권

年初에 구입한 복권 몇 장
주머니에 몇 주째 넣고 다닌다
45개 숫자 중 6개의 행운번호로
인생 역전을 설계하며 매일 설레였다
돼지가 기어들어오는 꿈꿔봤자
기껏해야 4, 5등 당첨뿐이었지만

도봉산 둘레길 걷다가
클로버 군락지를 발견했다
복권번호 맞추듯 네잎클로버를 찾다가
문득 그들의 꽃말을 생각했다
세잎클로버는 행복
네잎클로버는 행운
가만히 돌이켜 생각해보니
그동안 나는 재수(財數) 좋은 번호
네잎클로버 행운만 찾아왔구나

아이에게 말해야겠다
건강하라고 행복하라고 잘되라고
너희들은 긁지 않은 복권이다

행운보다는 행복을 추구해라
너희들은 영원히 긁지 않은
나의 희망복권이란다

사과의 맛

사과의 맛은
달콤한 참외
새콤한 딸기
즙 많은 수박
아삭한 배
사과(四果)의 맛
한 입 베어 물면
아삭아삭 상큼함이 꽉 찬다

사과는 빠를수록 좋은 맛
주거니 받거니 화해의 맛이다
A후보 B후보 C후보 D후보
전국사과경진대회 한 번 열자
다투지 말자고
후벼 파지 말자고
사과가 사과하는 모습 보고 싶다

내가 먼저 미안하다는 사과의 맛
그 감동 제대로 한 번 느껴보자
공약이행 못해 미안하다고

거짓말해서 송구하다고
제발 사과해라
온 국민들의 소망이다

괘종시계

오래된 괘종시계
똑딱똑딱 시계추처럼
불알도 함께 흔들며 놀던 친구야

너는 나랑 노는 물이 같았다
내가 딱지 들고 나왔을 때
너도 딱지를 들고 나왔고
내가 구슬 들고 나왔을 때
너도 구슬을 들고 나왔지
내가 숙제 안 해 청소 하는 날
집에 가지 않고 기다려주었고
찔레와 옥수숫대 꺾어 먹고
칠흑 같은 밤 수박 서리도
너와 함께 하면 두려울 게 없었지

세파에 휩쓸려 자주 만나지 못했으나
늘 서로 그리워했고
가끔 동창회란 이름으로 만났을 때
우린 어른을 버리고
다시 불알친구로 돌아가곤 했지

김경순

까치집

벚꽃에게 묻다

악마의 손길

폐업

새싹 돋아나다

까치집 외 4편

김 경 순

새벽에 선잠 깨어 눈 비비고 일어나니
예배당 종소리처럼 까치 한 쌍 우짖는다
연초록 미루나무 위 공사가 한창이다

연달아 순번 바꿔 나뭇가지 물어 날라
수 없이 마른풀을 그물망 엮어주면
하늘을 비행장으로 활주로가 완성된다

완성된 공사 후에 다정한 사랑놀이
봄빛이 짙어지며 산란을 하였는데
성급한 초승달님이 망을 보려 나왔네

벚꽃에게 묻다

안양천 개울 따라 소녀처럼 웃어본다
웃으면 웃을수록 더 우스운 여고 시절
연분홍 친구들 얼굴 불현듯 떠오른다

삼 년을 수다 떨며 벚꽃길 굽이지어
거슬러 오를수록 고운 꽃 물결 지어
꽃망울 나비가 되어 저만치 날아가네

오늘은 선글라스 묘약을 빌려보자
세월은 층층이되 주름져 알 수 없어
친구들 안부 인사를 벚꽃에게 물어본다

악마의 손길

부스 안 반듯하게 서너 명씩 앉은 사람
행인들 발목 잡는 작은 악마 흰 피리
큼직한 손에 잡혀서 담배꽃 피워보네

햇살 뜬 돌담 벽에 줄지어 기대서서
바람이 한 모금 먹자 아지랑이 떠돌며
살담배 잎담배에서 붉은 꽃 피어난다

화약고 줄기 타고 양보조개 패이게
심호흡 한두 번에 소리 없이 좋아라
몽글한 담배씨는 함박꽃 만개한다

몸뚱이 구석구석 떠돌며 유람하고
쏠쏠한 재미 속에 상상 세계 빠지자
회색빛 아우성들은 흥분의 도가니다

뱃속은 배가 아파서 먹골배 먹어본다
잔기침 소리 점점 심해져 토해내면
붉어진 선혈 파편들 조각조각 흩어진다

서서히 썩어 빠진 돌배처럼 딱딱해
폐 속에 골드 타이밍 작은 불씨 부르고
타다만 짧은 시간은 꽁초되어 꺼진다

폐업

삼십 년 경영해온 눈 감고 가는 가게
소상공인 대출받아 이리저리 틀어막다
코로나 버티지 못해 결국 문을 닫는다

경기가 그네 타듯 실업자 치솟으니
온종일 내다봐도 손님은 안 들어와
가슴이 숯검정되어 병이 날 것 같아서

결국엔 문을 닫고 등산 가는 저 부부
찾아오던 사람들 발자국 잦아들고
이웃도 하나둘 폐업 정리의 수순 밟네

무얼 하며 살아갈지 앞길이 막막하나
가게 문 닫고 나니 손님을 안 기다려
그나마 속병이 나을 듯 가슴이 뻥 뚫리네

새싹 돋아나다

솔씨도 갓 씨앗도 호박씨 상추씨도
모두 다 가랑잎 덮고 잠든 지 오래인데
절반은 새 쥐 먹이로 절반은 썩어갔네

가랑잎 이불 삼아 꿈나라 잠이 든지
어언 삼 개월 차 햇살에 간지러워
기지개 하늘로 펴며 깊은 잠에서 깨었다

봄나들이 갈 사람 손들어 보세요
해님이 출석부를 하나하나 꼽으며
이름을 부르는 소리에 너도 나도 저요 저요

김재숙

월영교와 미투리

다리

벗어나고 싶다

조용히 함께 살기

밤나무가 자라는 밤

월영교와 미투리 외 4편

김 재 숙

북서울 꿈의 숲 공원 중심부에는
애월정과 월광폭포를 품은 월영교가 있다
월영교 난간 애월정에는 삭발한 버드나무가 앉아
시선을 떨군 채 머리카락으로 미투리를 삼는다
지켜보던 월광폭포가 울컥울컥 안개를 뽑아 올리자
안개 속에서 홀연히 원이엄마*가 나타났다

한국의 지베르니 안동댐 중심부에는
팔각정과 월광폭포를 품은 월영교가 있다
월영교 난간 팔각정에는 원이엄마가 미투리 한 컬레를 안고
사백오십여 년 전을 회상하고 서 있다
유복자를 품은 그녀는 먼저 하늘로 떠난 남편을 위해
자신의 머리카락을 뽑아 미투리를 삼았다
꿈속에서 지아비를 만날 수 있기를 염원하며 쓴
언문편지와 미투리 한 켤레를 무덤에 넣었던 것이다

북서울 꿈의 숲 월영교 난간 애월정에는 삭발한 버드나무가
미투리 한 켤레에 못다 한 사랑 채워 넣고 나룻배에

신는다
  삽시에 월영교 난간 애월정에 조등이 켜지고
  월광폭포가 서둘러 하늘 위로 향연을 뿜어 올리자
  미투리를 실은 나룻배는 원이엄마를 태우고 홀연히
떠났다

* 원이 엄마(이응태 부인) : 안동 월영교 난간에 미투리(짚신) 모양을 형상화하여 설치 - 1998년 4월 이응태(李應台, 1556~1586) 무덤에서 애절한 필치로 쓴 원이엄마의 편지와머리카락으로 삼은 미투리가 출토(지식백과)

다리

생애 가장 푸른 계절에 만났던 친구 셋이서
강원도 원주에 있는 소금산 출렁다리로 향했다
빛바랜 사진 한 장이 다리를 놓아주어 그녀를 찾았다
부츠컷을 입은 그녀는 여전히 유행을 선도한다
노사연의 '바램' 첫 소절을 내뱉은 그녀의 맑은 음색에
차창 틈새로 들어온 바람이 화음을 넣는다
나는 아련한 옛 추억을 솎아내어 소쿠리에 담았다

딸기 철에 우리는 설탕 봉지를 들고 경산 딸기농장으로 갔다
미리 딸기 한 소쿠리를 주문하고 셋이서 다리 위에 걸터앉았다
긴 머리에 큰 눈망울, 티셔츠에 나팔바지를 입은 그녀가
전주도 브릿지 연주도 없이 노사연의 '돌고 돌아가는 길'을 부른다
그녀의 꿈은 가수였지만 부모님의 반대에 부딪혔고
대학교 졸업을 앞두고 기업가의 며느리가 되었다
내게도 친구들에게도 로망이었던 그녀다

소금산의 풍광과 어우러진 출렁다리는 중국 장가계에 온 듯하다
힘에 부친 다리가 보채지만 가마꾼은 눈을 씻고 봐도 없다
드디어 580여 개의 계단을 올라 다리 입구에 도착했다
우리는 그늘이 손짓하는 한적한 곳을 찾아 바위 위에 걸터앉았다
팝가수로 변신한 그녀가 '험한 세상 다리가 되어'를 선창하고
한 친구는 사이먼 앤 가펑클이 내한 공연 중이라고 장단 맞춘다
그녀의 눈망울은 붉게 물들었고 출렁다리도 울꺽울꺽 어깨를 들썩인다

나루엔 늘 돛단배가 있지만
배가 없다고 해도 이젠 출렁다리가 있으니
우리의 추억은 늘 출렁거리지 않을까

벗어나고 싶다

가족들 등쌀에 못 이기는 체 요즘 핫하다는 호캉스를 따라 나섰다
이른 저녁을 먹으러 레스토랑에 갔다
식사를 마친 옆 테이블 가족들이 봄꽃 만개 소식을 전하며
도심 속 사찰이라 야간출사 명소라고 덧붙인다
우리 가족도 서둘러 인근 사찰을 찾아 나서는 길이다

숙소에서 연결된 엘리베이터에서 내리니 도서관과 연결되어 있다
코엑스 별마당도서관, 어림잡아 수십만 권의 책들이 우리를 반긴다
봄날의 시를 테마로 시집 특별전을 알리는 현수막이 국기처럼 펄럭인다

바티칸이 세계에서 가장 작은 독립국가라면
별마당 도서관은 지구에서 유일무이한 작은 시나라다
가슴에 별을 품은 백성들은 오직 시어로 소통한다
시화를 읽는 아이들 시를 외우며 인연을 찾는 청춘들
노트북을 꺼내 시 창작에 몰입하는 시인들 서로 다르기에 조화로운 조합이다

어디선가 봄바람이 살랑인다
수선화, 산수유꽃, 매화꽃 향기가 코끝을 건드린다
나는 디퓨져 이겠지 생각하며 정원 가까이 다가가 손을 내밀자
꽃들이 일제히 생기를 돋우며 선입견을 꾸짖는다
통치권자가 누구인지 모른다 다만 모두에게 열려있을 뿐이다
나는 지금 지구에서 하나뿐인 별마당 시나라의 백성이 되어
마음을 충전하는 시캉스를 즐겨야겠다

인증샷을 찍으려는 순간 카톡으로 모바일 청첩장이 날아왔다
친구 아들이 지난봄에 만난 인연과 봄꽃을 피운단다
나는 반가움에 축하 문구 뒤에 '부럽다'고 덧붙였다
'이제 벗어나서 좋다'는 친구의 답글에 홀가분함이 담겨있다

가족들이 빨리 오라고 손짓한다
어둡기 전에 봉은사에 도착해야 한단다
나는 내색도 못한 채 발걸음을 재촉한다
우리 집 과년한 자식들은 언제쯤 인연 만나 봄꽃을 피울까
나도 어서 벗어나고 싶다

조용히 함께 살기

정해진 날짜와 시간에 문자가 도착했다
나는 서둘러 너를 만나러 가는 길이다
목에 집게손가락을 갖다 댔을 뿐인데 심장이 요동친다
사방이 온통 정적에 잠겼다

평온했던 나의 공간에 무단 침입한 너
네가 내분비계를 교란시키지 못하도록
나는 매일 파프리카와 브로콜리로 요리하고
블루베리를 투입해 천연 방패를 만든다

나비 모양의 내분비계에 1.4센티의 멍울 포착
이 년 동안 분기별 검사, 멍울이 커지면 제거
두 해 전에 내려진 건강검진 결과다

내 삶의 공간 일부는 네가 차지하고 있지만
더 이상 공간을 잠식한다면 멍울 너는 강제퇴출이다
서로의 경계를 허물지 말고 조용히 함께 살아보자

오후 두 시 낮달을 마주한 해가 붉은 방어선을 두른다

밤나무가 자라는 밤

봄이 냉장고 문을 열고 들어와 철 지난 밤톨에 싹을 틔웠다
당황한 나는 싹이 난 밤 다섯 톨을 고향 향기 한 방울을 넣고 화분에 심었다

보름 전, 친구와 밤나무집식당에서 점심을 먹고 집에 가는 길이었다
문득 친구가 전해준 밤동산마을의 유래가 궁금해 임장을 가기로 했다
여의도에서 지하철을 타고 한 정거장 지난 신길역에 내렸다
한강 변을 맞닿은 마을로 가는 길에 굴다리가 있고
굴다리 옆 구멍가게에는 파라솔 두 개가 나란히 펼쳐져 있다
파라솔 아래 노인이 혼자 술을 마시며 큰소리로 했던 말을 반복한다
지켜보던 전봇대는 연거푸 하품을 하며 침침한 눈을 비벼댄다
전깃줄에 늘어진 묵은 사연들, 황조롱이마저 모르쇠로 침묵한다

굴다리를 끼고 있는 허름한 주택과 빌라들은
언제 철거될지 모를 불안에 떨며 머리를 맞대고 회의 중이다
골목마다 재개발 현수막이 개선장군 깃발 인양 펄럭인다
밤동산마을 어디에도 밤나무는 보이지 않고
구불구불한 길바닥에 펼쳐진 좌판의 쉰 목소리가 내 발길을 잡는다
검게 그을린 얼굴, 철 지난 목도리를 두른 팔순 할머니
시든 야채 예닐곱 종류를 앞에 두고 철 지난 밤톨을 까고 있다
나는 찬바람을 등지고 좌판 옆에 쪼그리고 앉아 할머니에게 말을 걸었다
간간이 손님이 오지만 토박이 할머니의 이야기는 그칠 줄을 모른다
해질 녘에 밤 한 되를 사서 집으로 돌아와 냉장고에 넣었다

유년 시절 한갓진 겨울밤이면
뜰아래채 사랑방에 오 남매가 옹기종기 모인다
할머니는 허리춤에서 이야기주머니를 꺼내고
화롯불에 밤이 익어갈 무렵
손녀를 굴다리 밑에서 주워왔다는 농담 한마디에
손녀가 한바탕 울음을 터뜨리면 이야기주머니는 서

서히 닫힌다

밤동산마을에서 전입 온 밤톨 오 남매
북한산 아래 녹번 언덕 베란다에 둥지를 틀었다

심순영

옹기의 귀를 뚫다

세한도에 빗대어

햇볕 영화관

美를 찾는 路드맵

아모르파티

옹기의 귀를 뚫다 외 4편

심 순 영

장독대 위에 60살 넘은 옹기들이
햇살을 머리에 이고 옹기종기 모여 산다
저마다 담겨진 장맛을 둥글게 안고 있다
시멘트 바닥을 뚫고 씀바귀 한 뿌리가
옹기 위로 고개를 내밀었다
작은 씨앗이 장독대 아래 어둠 속에서 숨죽이다가
콘크리트 사이로 스민 햇빛 한줄기를 보았던 것이다
실핏줄 같은 햇빛 사이로 싹을 내밀어본다
옹기의 귀 사이로 삐져나온 눈부신 봄별을 사모했다
사모하는 봄볕의 그림자를 따라 밟으며
씀바귀는 절벽 같은 옹기 사이를 지나 길을 나섰다
낙타가 바늘귀로 들어가듯이 어려운 일이었지만
씀바귀는 옹기의 귀를 간신히 통과하고 말았다
무한한 햇빛의 광 스팩트럼이 펼쳐진 세계에 안기자
바람이 전하는 말들을 옹기의 귀에 비벼대며 들려준다
귀가 순해진 옹기도 씀바귀가 전하는 소식을 기다린다
씀바귀와 옹기의 기묘한 동거는
장독대 옹기 마을에 최대의 스캔들이었다

옹기의 귀가 뚫리니

시골 동네의 모든 소리들이 들려온다
이른 새벽 옥산댁네 장 닭 우는 소리
낯선 이를 경계하는 순이네 개 짖는 소리
은행나무 사이를 휘젓는 까치의 노랫소리
장독대 옆 모란꽃망울 열리는 소리
집주인 할머니가 끙끙 앓으며 돌아눕는 소리
어버이날 서울 사는 아들 내외 밀고 들어오는 문소리

어머니 저 왔어요, 그려 어서오너라
오랜만에 듣는 할머니 웃음소리도 들려온다
아들이 몰고 온 훈풍에 집안에 온기가 돈다
할머니와 아들 내외의 3박4일 동거는
씀바귀와 옹기도 울고 갈 행복한 스캔들이었다

세한도에 빗대어
- 노상헌 목사님

푸른 바닷물에 갇힌 죄명이 무엇인가
두 번이나 위리안치된 죄명이 무엇인가
탱자나무 가시울타리에 갇힌 이유를 묻는다
도무지 그 쓸쓸하고 외로운 마음을 가늘 수가 없다
들리는 것은 오로지 파도소리와 바람소리뿐이다
제자가 어렵게 구해 보낸 서책을 받으니 눈물이 흐른다
바다 건너온 귀한 책을 볼 때마다 제자 사랑이 느껴진다
모든 잎이 지고 나서야 송백의 푸르름이 드러나기에
한겨울 외로운 집 한 채와 소나무 잣나무를 그린다
제자의 한결같은 마음을 글로 남기고 세한도 끝자락에
추사는 장무상망* 이라는 인장을 찍는다

오래도록 베푼 은혜를 잊지 않고 기억한다는 것
뜨겁게 올라온 감사함으로 함께 할 수 있다는 것
권세와 이익에만 아부하는 세상에서 얼마나 아름다운 일인가
우리 부부가 세상 풍파에 휘둘릴 때 진솔함으로 다가와

마음을 열어주고 힘든 어깨를 토닥여준 목사님
세월이 흐르고 많은 사람들이 스쳐 가버린 지금에서야
목사님의 선한 영향력이 푸르게 드러나고 있다
작은 파도에 흔들리지 않고 세찬 바람에 꺾이지 않고
동행의 길 위에 여전히 남은 자가 되어 함께 서 있다
우리의 가슴에 장무상망이라는 인장을 새겨본다

* 장무상망(長毋相忘) : 길이 서로 잊지 말자

햇볕 영화관

가을배추가 푸르고 싶어 안달인데
영양가 없는 늦여름비가 연일 내린다
여름의 끝자락이 떠나지 못하고 질척인다
저기압이 짓누르니 종일 뒷목이 묵직하다
젖은 나뭇잎도 두통에 시달리는지 처져있다

얼마 만인가 비 개인 초가을 하늘이 청명하다
바람이 살랑 불어오니 코끝이 시원하다
강한 햇볕이 짙은 그림자로 벽에 영상을 쏘고 있다
나뭇잎이 바람의 손을 잡고 왈츠를 추며 돌고 있다
한 아이가 화면 안으로 들어오고 다른 아이가 뒤쫓는다
햇볕 영사기가 오래된 흑백영화를 상영 중이다
바람과 춤을 추던 느티나무가 피아노를 연주한다
리차드 클레이더만의 가을의 속삭임이 들려온다
피곤해 누워있는 고단한 엄마를 위한 힐링 곡으로
어린 딸이 가녀린 손가락으로 들려주던 곡이다
피아노 선율에 따라 느리게 흔들리던 나뭇잎들이
다시 바람의 손을 잡고 멀리 달아나고 있다
햇볕 영사기가 시나브로 잦아들다 막을 내린다

마당에서는 아이들이 바깥놀이를 하고 있다
아이들 마음의 눅눅함도 햇볕 빨랫줄에 널린다
온몸을 굴려가며 바삭바삭 마음을 굽는다
햇볕에서 아이들 웃음소리가 난다
맑은 하늘빛에서 가을이 성큼 걸어 나오고 있다
축 늘어져 있던 생각들이 가을 햇볕에 일어나
언어라는 존재의 집 앞을 서성인다

美를 찾는 路드맵

가路 세路 좌路 우路 위路 아래路
미로(迷路)를 찾아 헤매인다
앞으路 옆으路 밑으路 무한공간으路
미로(美路)를 찾아 떠난다

태평양으路 대서양으路 인도양으路
미로(迷路)를 찾아 헤매인다
자동차路 배路 비행기路 우주선으路
미로(美路)를 찾아 떠난다

유치원으路 학교路 학원으路
미로(迷路)를 찾아 헤매인다
여행으路 경험으路 특별한 사랑으路
미로(美路)를 찾아 떠난다

밥으路 돈으路 재능으路 직업으路
미로(迷路)를 찾아 헤매인다
대화路 노래路 영혼路 울리는 시路
미로(美路)를 찾아 떠난다

오랜 시간 미로(迷路)를 찾아 헤매이던
이명숙씨 빛으路 난 미로(美路)를 찾아서
이미로(李美路) 베트남 선교사가 되어
새벽날개를 달고 바다 끝으路 떠났다

길을 찾아 헤매는 모든 것은 길 위에 있다
길을 찾아 떠나는 모든 것은 스스로 아름답다

아모르파티*

중절모에 빨강 나비넥타이를 깔맞춤으로 차려입고
빠른 비트에 따라 오른쪽으로 빙글빙글 춤을 춘다
아모르파티 리듬이 일곱 명 부장교사들과 흥겹게 돌아간다
전 교직원이 모두 일어나 박수를 치면서 앗싸 호응해준다
초대받아 온 화성인 남편도 신나서 어깨를 들썩인다
인생은 지금부터라는 주제로 작은 홀을 빌려 치르는 정년퇴임식
강렬한 비트로 네 운명을 사랑하라고 등을 떠민다

호랑이 아버지 훈계 받으며 성장한 20년
사관학교 나와 나라를 위해 헌신했던 10년
연년생 두 아이 손수 기르며 엄마로 산 10년
가정과 일을 병행하며 숨 가쁘게 산 20년
딸 간호장교 엄마 선생님 딱지 떼어버리고
오롯이 내 이름 석 자 자연인으로 돌아왔다
저 깊은 곳에서 네 자신을 사랑하라고 등을 떠민다

자유인 첫날 안산 둘레길을 걷는다

늘 매여 있던 8시간을 완전히 빼앗아 온 개선장군이다
평일 대낮에 일 안 하고 덤을 얻은 것 같은 생경함
을 즐긴다
서점에 들러 어느 여류시인의 시집을 고르다
시에 대한 열정이 섬광처럼 뇌리를 스치고 지나간다
나는 지금 시창작교실을 3년째 다니고 있다
詩의 가슴을 사랑하라고 강하게 등을 떠밀고 있다

* 아모르파티(amor fati) : '너의 운명을 사랑하라.'라는 뜻

윤정한

참나무가 있는 풍경
보고, 가 보고, 올라가 보고 싶은
다섯 평의 꿈
나의 살던 고향
명주잠자리

참나무가 있는 풍경 외 4편

윤 정 한

내가 살던 늘목과 이웃 마을 승암으로 이어지는
고갯마루 길가에는 참나무 한 그루가 서 있었다
참나무 주위는 푸른 잔디와 풀들이 넓게 펼쳐져 있어
우리들이 뛰어놀기에 안성맞춤이었다
뽕나무가 뽕하고 방귀를 뀌니까 대나무가 대끼놈 하는데
참나무가 참아라 했다는 이야기를 깔깔대고 웃으면
참나무도 덩달아 웃는 듯 했다
어느 날 방학 숙제인 잔디 씨를 받기 위해 그곳으로 향했다
참나무에서 왕바다리라는 큰 벌이 날고 있었다
무슨 생각이었는지 나는 잘라놓은 뽕나무 가지를 가져다가 때렸다
벌이 순식간에 얼굴과 무릎 안쪽을 연타로 쏘고 날아가 버렸다
엉엉 울면서 집으로 돌아왔는데 눈탱이는 밤탱이가 되고
엄마가 해주신 찐빵도 먹지 못하고 윗방에 누워 있었다
친구들이 놀자고 부르면 엄마는 장난삼아 “연화 죽

었다!"하셨다

그 후로는 벌소리에 놀라고 작은 벌만 봐도 벌벌 떨었다

단옷날에는 마을 어른들과 청년들이 새끼꼬아 만든 그네를

쭉 뻗은 참나무 가지에 매달아 그네타기 경주를 하곤 했다

어린 우리를 어른들과 짝을 지어 태워 주기도 했는데

부러운 마음에 빨리 어른이 되고 싶었다

세월이 흘러 찾아간 그곳엔 참나무는 온데간데없고

푸른 잔디의 벌판은 밭과 길로 나뉘어져 있었다

* 태어나면서부터 집에서 부르던 이름으로 초등학교 입학하면서 아버지는 윤정한으로 바꾸어주셨다.

보고, 가 보고, 올라가 보고 싶은

노세 노세 젊어서 노세 늙어지면 못 노나니

회갑을 바라보는 나이에
이 노래가 생각나는 이유는 무엇일까
초등학생 때인 것 같다
엄마가 나물 뜯어오라고 하지 않으셔도
봄이 되면 나물을 뜯는답시고 친구들과 앞산으로
올라가 이 노래를 많이 불렀었다
멀리서는 뻐꾹새가 뻐꾹 뻐꾹 울고 우리들은
얼씨구 절씨구 차차차 지화자 좋구나 차차차, 떼창했다
해마다 5월이면 오빠 나 남동생이 각자 또래 친구들과
30분 거리 도명산 계곡으로 걸어서 천렵을 갔다
오빠가 끄는 리어카에 쌀 김치 등 먹을 것과
어르신들 몰래 집에 있는 막걸리와 부모님 옷도 챙겨 갔다
초록 자연과 연달래꽃이 어김없이 반겨 주었다
물론 서로 방해받지 않는 거리에 자리를 잡았다
태운 밥도 맛났고 막걸리 마시며
어른 옷 입고 노세노세와 닐리리야를 불렀다

장단에 맞춰 춤추고 장기자랑도 했다
어른이 개입하지 않는 또래 친구들만의 세상에서
어른들 흉내 내기는 최고의 놀이였다
중학교 2학년 2학기에 청주로 전학하기 전까지 말이다
어떻게 그렇게 놀 수 있었을까
어린 나이에 술 마시고 놀던 모습이라니
그 아찔했던 순간들이 미소 짓는 추억이 되었다
지금은 나물도 없을뿐더러
나무가 우거져서 산에 오르기가 쉽지 않다
내 어릴 적 그때의 모습으로 돌아가보고 싶다
보고 싶은 내 친구들
가보고 싶은 내 고향
올라가 보고 싶은 내 고향 도명산이다

다섯 평의 꿈

서울 도심 속에 구청에서 분양한 주말농장이 있다
지난해 다녔던 시흥시의 주말농장을 포기하고
가까운 곳으로 신청했는데 300:1의 경쟁률을 뚫고
당첨되었다
봄꽃이 만발한 주말 오후 간식을 챙겨 그곳으로 향
했다
길에서 만난 이웃이 나중에 상추와 고추 모종을 좀
달라한다
팻말에 쓰여진 271번이 우리가 농사지을 5평 땅이다
지난주에 뿌려 둔 친환경 퇴비가 흙과 잘 어우러져
봄볕을 받고 있다
따스한 땅 기운이 어서 모종을 내놓으라 손짓한다
농장 안에서 파는 모종들이 튼실하고 싱싱하다
상추 세 종류와 케일 세 포기 등 채소 18포기를 심
었다
이 모종들이 커감에 따라 계속해서 잎을 따 먹을 수
있다
나머지 반은 고추와 토마토 오이 등을 심을 것이다
열매 맺는 채소는 자라면서 쓰러지지 않게 지지대를
대고

더 크게 자라면 끈으로 묶어줘야 비바람에 견딜 수 있다
여름 장마를 대비해서 작지만 밭고랑도 내야 한다
지금은 땅이 훤히 드러나 있지만
얼마 지나지 않아 농작물과 풀들로 초록 세상이 될 것이다
나물 먹는 벌레가 생기고 나비와 벌들도 날아들 것이다
천막 속 평상과 원두막엔 정겨운 웃음소리가 가득하리라
그곳에서 가족 지인들과 고기쌈 먹을 생각에 부자 된 마음이다

나의 살던 고향

그는 침묵했다
여름에는 수영하고 한겨울엔 썰매 타던 저수지가 흔적도 없이 사라지고 마을을 감싸고 있는 커다란 산은 새 주인들이 나타나 주택단지를 짓겠다며 불도저로 밀어내 산허리가 반으로 잘려 나간 볼폼 없음에 대하여

그는 침묵했다
내가 자라면서 장래 희망과 자신에 대한 확신이 없어 방황하고, 아버지가 병상에 계실 때 옆에서 간병을 해드리지 못하고 죽음 앞에서 농사짓느라 엄마 혼자 힘드셨을 텐데 엄마의 말씀대로 회사생활을 한 것에 대하여

그리고 그는 말했다
침묵한 것이 아니라 항상 말하고 있었다고 도시로 공부하러 나가면서부터 내가 묻지 않고 듣지도 않았다며 봄나물을 한 아름 안겨주었다 이제부터 자주 와 못다 한 이야기 나누자며

명주잠자리

봄볕이 따사로운 해변가에
보일 듯 말 듯 모래가 들썩인다
새끼손톱만한 개미귀신이 함정을 파고 있다
개미지옥이다
개미왕국을 짓기 위해 제 키보다 큰
나뭇잎을 물고 가던 개미가 지옥에 빠졌다
개미는 빠져나오려고 안간힘을 쓴다
개미귀신이 모래를 뿌리면 헤어 나오기가 쉽지 않다
개미귀신은 큰 턱으로 덥석 물어 개미의 체액을 빤다

늦여름 풀잎 사이로 폴폴 날아다니는 명주잠자리
노동을 잘라먹은 명주잠자리
까만 부정을 잘라먹은 명주잠자리
그는 수많은 개미들의 희생을 기억할까

이덕수

우선순위 없는 여행 외 4편

이 덕 수

봄비가 쏟아지는 이른 아침
A B C D가 같이 여행을 갑니다
모처럼 찾아온 비가 어깨를 움츠리게 합니다
핸들을 넘겨주니 A는 다른 세계로 몰입합니다
D의 운전 습관은 거의 속도광이라
과태료 통지서 날아올 것 같습니다
D를 만나 차는 생전 처음 속도감을 맛보고
세상구경을 하면서 신이 났습니다
진주 촉석루를 돌며 천릿길 실감하며
논개를 만나 초상화를 살펴보았습니다
통영에서 ABD는 연도로 C는 삭도로 한나절 보내고
일식집에서 저녁을 해결했습니다
다음날 한산도 제승당에 가서 충무공을 만나
마침 영상 특별전에서 일대기를 일별했습니다
오후에 B의 고향 고성의 문수암을 올라가 보고
공룡의 발자취도 찾아보았습니다
그 후 남해의 자연 편백나무 휴양림을 차로 일순하고
미조항의 허름한 여관에서 잠을 청했습니다
마지막 날 보리암에서 보기 힘들다는 일출도 잠깐
보고

올라오는 길에 산청의 청석골에 들렀습니다
큰 돌 작은 돌로 꾸며진 거대한 정원과
도인들이 사는 서당도 거닐어 보았습니다
처음부터 생각한 A B C D의 일정이 바뀌어
그날 그때 상황에 따라 여행을 하였습니다

까막눈임을 고백합니다

낫 놓고 기역 자도 모르면 까막눈이나요
눈을 떴다고 다 지식인인가요
알면 얼마나 아나요
안다는 것이 정말 아는 것인가요
모르는 걸 모른다고 함
그게 참 앎이 아닌가요
까막눈임을 고백합니다

눈을 떴다고 다 장님이 아닌가요
진실에 눈을 감으면 장님이 아닌가요
눈 감고 딱 한 잔
그렇게 하면 술을 끊나요
날이 샜다면
어둠이 모두 달아나나요
약속을 지키고 무덤 속까지 가면
그것이 진정한 우정인가요

바람은 바람을 부추기지 않습니다
세상에 녹슨 인생이란 없습니다
덧칠하려 하지 말고

있는 그대로 보여주세요
까르페 디엠
당신은 지금이 가장 멋있답니다

멈춘 나이테

시아버지 시어머니 용어가 괜찮게 들릴 때
어느 날 새신랑 새색시가 사주는 만찬에 가서
시부 시모가 얼마나 좋은지 의사를 타진했습니다
나 딴에는 시에 몰입할 때라
시아버지 시어머니의 시자가 괜찮을 거라 생각했죠

같은 의자 같은 걸상 앉았던 초등학교 동문들이
그 책걸상이 왜 그리 그리움이 가는지
그리하여 학형이라 하지 않던가요
아무렇지 않게 씨형이라 않던가요
초등학교 시절 우리 마을에 후배가 하나도 없어서
옛 마을에서 학교를 다니던 나는
분교가 생겨 마을 후배들이 싹 옮겨갔죠
새터가 옛터를 무시할 수 나요
나이테가 바뀌었지만 같은 배를 탔다면 동학이지요
오늘도 되뇌이고 있습니다
우린 서로 나이테를 멈춘
씨형이 아닌가요

내가 먹은 보리밥

그 보리밭에 가고 싶다

깐보리 깡보리 겉보리 노보리 논보리 뜬보리
망보리 반보리 밭보리 산보리 새보리 쌍보리
안보리 그보리 찰보리 언보리 청보리 헌보리

가보리 나보리 다보리 와보리 봐보리 사보리
자보리 차보리 카보리 타보리 파보리 너보리
더보리 서보리 처보리 커보리 터보리 펴보리

박보리 간보리 난보리 단보리 란보리 반보리
산보리 잔보리 찬보리 탄보리 판보리 한보리
강보리 망보리 막보리 곰보리 람보리 맘보리

그 많은 보리밭을 다 가볼 수는 없고
에라, 꽁보리밥이나 먹으러 가자

마름꽃 설화

매표원도 사라진 지평역까지 집에서
만 보쯤 걸어왔더니 목마름이 느껴집니다
문득 북한강가에 핀 마름꽃을 바라봅니다

어릴 적에 토강에서 멱을 감다가
개구리헤엄을 치기도 했지만
여지껏 수영을 제대로 못합니다
그날 모처럼의 자맥질로 숨이 차
토강물 위로 목을 내밀 때 본
하얗게 피어오른 마름꽃

옛날 착한 마름이 살았습니다
늘 소작농의 논으로 물이 들어가도록
물고를 봐주며 배려하던 마름
그 마름은 그만 발을 잘못 디뎌
방죽에 빠져 죽고 말았습니다
훗날 방죽에 핀 꽃을 사람들은 마름꽃이라 불렀습니다

이승영

인생 역전 설명서 외 4편

이 승 영

맑은 고을 오래 산다는 수동에서 태어난 나
영원한 외할머니 품 영동에서 6.25 피난살이
초등학교 교동에서 단체생활 첫 시작
성공을 꿈꾸던 대성동 육 년의 학창시절
먹물을 갈고 닦은 필동 서울 유학생활
전우애를 꽃피우는 솔밭 송정동에서의 군대 삼 년
밤낮이 밝은 명동에서 직장인으로 펼친 청춘
어머니 짝사랑이 그윽한 효자동 회한의 단칸방
옥수가 흐르는 옥수동 섬섬옥수의 신혼집
창고가 비워도 차는 창동 보금자리 삼십 년

누가 지었는지 몰라도 참 재미있다
가장 싸게 지은 일원역
마라톤 선수들이 좋아하는 월계역
공자 맹자 노자 성인들이 사는 군자역
불장난하다 사고 친 방화역
숙녀가 좋아하는 신사역
스포츠 경기 때마다 바빠지는 중계역
이산가족의 꿈을 이룬 상봉역
장사하는 사람들이 좋아하는 이문역

친구 따라가는 강남역

바람에 꺾이지 않고 여태 잘 버티도록
나를 지탱해주고 보듬어 준 삶의 텃밭들
나를 품어준 흙에 입 맞추리라

춘래불사춘(春來不似春)

눈 감고 귀 막고 입 닫은 이년 여
임인(壬寅)의 봄은 유난히 밝다
환한 얼굴의 꽃들이 반긴다
덩달아 마음이 몸을 서둘러 깨운다
쌍으로 7살 맞은 어린이 친구들이
마스크 벗는 설렘으로 동해로 동행한다

대관령 넘어 설악산 자락은 여전한데
산불이 지나간 흔적에 눈이 번쩍 뜨인다
해파랑길 드라이브가 즐겁지만 막다른 골목
38선 통일전망대 안내표지가 반갑지 않다
귀 막아도 들리는 6.25 전쟁의 포격 소리
눈 감아도 보이는 울부짖던 피난민들
우크라이나 땅에 쏟아지는 전쟁의 포화
구호물자로 자란 나는 온 맘으로 응원한다

해안가 멀리 보이는 작은 등대는 졸고 있는가
지피에스 항법시스템이 세상을 좌지우지
볼품도 없는 무용지물은 그래도 자리를 지킨다
전쟁이 터지거나 정전이 되는 순간이 있기에

만약을 대비해 자신의 존재를 잊지 않는다
일흔일곱 살 아날로그도 할 말을 찾는다

남들은 나를 보고 웃는다고 하지만 나는 웃는 게 아니다
봄은 왔다지만 내 마음에는 아직 봄이 오지 않았기에

신문과 나는

아침마다 나를 찾는 친구
반세기가 지나도록 변함이 없다
잉크 냄새로 잠을 깨운다
이마의 머리기사로 인사를 나눈다

나는 눈에 띄는 제목으로 우리의 밤을 살핀다
사설 기고문 읽을거리를 찜하고
사건 정보 문화에 귀 기울이고
간간이 인사동정란을 눈여겨본다

난 나이를 먹으며 달라진 게 하나 있다
사오십 대 젊을 땐 지인을 먼저 찾고
육십 대엔 후배 제자의 이름이 반갑고
칠십 대에 들어선 부고란이 낯설지 않다

나는 제대로 정리도 못 하고 읽지도 않지만
귀한 글 가위질하는 욕심은 아직 여전하다
난 좋은 사설을 읽고 스크랩하며
널 통해 문장력도 키우고 논리도 익혔다

나 아주 어릴 때 휴지가 귀하던 시절엔
보통 뒷간에 너의 선배들이 봉사활동을 햇지
원숭이 똥구멍은 빨개, 라고 했지만, 넌 알 거야
우리네 엉덩이는 새까맸을 거다

아직은 사람들이 옷장을 정리할 때나
그릇이나 물건을 쌀 때 네 친구들을 찾지만
머지않아 지금의 아이들이 성인이 되는 날엔
너의 부음을 스스로 고해야 할 듯하다

오늘도 지하철 탈 때 동행하는 나의 벗
널 자식들에게 보내주겠다 해도 싫단다
아무리 디지털시대가 펼쳐진대도
넌 평생 날 깨우고 가꾸는 아침의 거울이다

골때리는 골 때리는

TV 인기 프로 '골 때리는 그녀들'
재방송을 봐도 폭 빠진다
내가 팬이 된 골때녀
선수 하나하나가 다 좋다
내 편 네 편 없이 환호하고 열광한다

연기로 눈물을 짜게 하는 여배우
재치와 익살로 웃음을 만드는 개그우먼
노래로 감동을 선사하는 여가수
멋진 걸음으로 몸매를 뽐내는 모델
우리보다 더 한국인다운 외국인

브라운관의 스타는 온데간데없다
여성에게 익숙하지 않은 스포츠임에도
축구공을 따라 온몸을 던지는 여걸들
자식 하나에 올인하는 치맛바람이 떠오른다
엄마 맘대로 되지 않는 공

땀으로 범벅이 된 맨얼굴
혼신을 다 바치는 열정

몸을 아끼지 않는 헌신
팀 위해 몸사리지 않는 사랑이다
실수해도 다독이며 감싸 안는다

처절하도록 자신을 버리는 숭고한 몸짓에서
어이없게도 터무니없게도
잿더미 속 한강의 기적을 일군 주역
여자는 약하되 엄마는 강하다는 말이 떠오른다
우리네 엄마들의 찐한 억척 정신이
저렇게 열심히 살았지, 살아냈지

안녕, 송해

바다 이름도 아닌데 헤헤 해해 송해
알고 보니 바닷길 따라 피난 왔다 해 송해
본명은 복 복에 빛날 희, 마지막에 다 이룬 송해
한반도의 아픔을 희극으로 위로한 거인 송해
그래서인지 바다처럼 가슴이 넓은 송해
시장골목 국밥 소주 이발소 목욕탕 서민의 송해
정주영이 최고 사람 거부라 인정한 송해
땡, 땡, 땡 합치면 딩동댕이라는 희망의 송해
하늘 높이 떠올라 소탈한 웃음 준 스마일 송해
전국 노래자랑 세상을 노래로 밝힌 song해
팔도강산 방방곡곡에서 원고 없이 사회를 본 誦해
소나무처럼 한결같은 젊음의 늘 푸른 松해
이제 하늘의 품으로 떠나보내야 할 送해
지난밤 꿈속에 별이 되어 성씨가 바뀐 宋해
조국이 둘로 갈려 고향에 못 가게 해서 죄송해
그리던 어머니 포옹하고 아들 껴안고 좋아할 송해
고향 벌판에서 울리는 천국 노래자랑 MC 송해
빠라밤 빠라밤 빠라밤밤 오천만이 칭송해 頌해
아리송한 세월에 송해의 바다에서 행복했어 감사해
안녀엉 送해

이영순

'ㅗ' 모음 여행기
동화하는 초록
풍향계의 행선지
반환점을 삭제하다
옥시모론

'ㅗ' 모음 여행기 외 4편

이 영 순

'소'처럼 우직하게 일만 하고 지내다가
어느 날 시간을 붙들고
음소를 돌려 생각여행을 떠났지
'수'자로 뒤집어 보았어
고교시절 성적표가 떠올라 미간에 주름잡혔지
때마침 부는 미진한 봄바람이 살가워서
두 다리 죽 뻗고 벌렁 누워버렸어
'서'로 다정한 가족사진이
'사'이 좋게 어깨 걸고 나를 보며 웃고 있었지

그래 이것이면 되었어
그래서
'소'망하지
'수'없이 닥쳐오는 고난들
'서'슴 없이
'사라지고
행복한 날들이 지속되기를

새로운 발생은 그 계통에서 반복되는 거라 했잖아
모처럼 생각여행에서 헤겔을 만났지

행복했어
수수하고 소박한 사람들이 거기 서 있었어

동화하는 초록

잎맥 한 줄 멍이 들면 수액은 가지 사이로 숨는다
한정된 수분이 오르내리며
슬하에 거느린 잎 사이로 이끼가 된다
지문 남기려는 공허한 수화가
바람소리 움키고 부대끼며 반사된다
물때를 아는 수압의 작용이 절정을 향해 달린다

바람 비린내 적시고 태양의 흩김이 낳는 푸르른 역사
태초부터 탄생된 원시 단세포 생물의 진화는 빛을 잃는다
나타난 외양으로는 알 수 없는 일
줄기 가늘게 높이 오르고
잔잎 둘러서 열펌의 온도를 높인다
앉아서 낮게 드리우는 생존의 패러다임

분광되는 각도를 재며 수용되는 색채가
요철의 맞춤법을 되새기고 있다
그들의 소임은 오로지 하나
좀 더 많은 미래를 얻는 것

셀 수 없는 포자를 날리며 기다려온 시간
긴 인내가 선명한 채색을 한다

공변세포의 개폐는 삼투압의 조작
폐활량의 귀가는 멈칫대는 대기를 끌어당긴다
연녹의 잎 감추며 푸르게 동화하고 있는 초목
서서 잠드는 회양목의 본심이
농익는 계절 위를 걷는다
녹음(綠陰)을 꿈꾸는 지극함으로

풍향계의 행선지

떠도는 영혼이 잿밥을 훔치는 가벼운 발걸음을 옮긴다
뒷바퀴가 뒤꿈치 들고 터널을 통과한다
곁눈질로 고압철탑의 수신호를 힐끔거리며 줄넘기
하는
무섭지 않은 무서움의 공중제비를 탄다
은빛 꼬리를 살랑거리며 바다를 부채질해 시원해진
바다는
잔주름 만들며 파랗게 물든 바람을 보낸다
밀려드는 푸른 바람에 꼬리가 물들고
가슴이 물들고 덜컥 파란 바람을 낳는다
하늘과 바다가 구분되지 않는다
모호한 경계 위에 지구를 탈출하는 탯줄
몸을 둥글게 말고 소리를 질러본다
무성으로 갈라지는 소리
점화되는 기억 속의 대사들
농도 짙은 후일담으로 가는 곳을 잊었다
혼돈의 카오스는 셔츠 깃을 세운다
바람의 평형 양 날개에 붙들린 이글샤크의 바다는
꼬리지느러미의 추력으로 물속 허공이 된다

덧칠된 독수리와 상어
바람의 생각은 크기가 되어 붙들리고
입체성을 증명하려는 하얀 각혈
수평선이 지평선에 닿는다
물은 바람에서 태어나 언제나 서로 맞닿아 있으니
동족
가까이서 속삭이는 동족의 다른 언어는
언제나 모호성에 걸려든다
매일 다른 눈금을 만들어 팔을 벌린다
부풀어 오르며 향방에 주목한다

바람 바람, 본능의 페달 위로 발을 건다
물은 바람을 낳고 바람은 물을 낳으니
시작도 끝도 없는 뫼비우스띠다

반환점을 삭제하다

허벅지 근육에 쥐가 오를 정도로 달려왔는데
다시 되돌아가라니요

시작점이 끝점이어야 하는 원리는 어디에서 왔을까요 한 개의 면과 한 개의 모서리로 연결된 띠가 그 모습의 진실성을 설명하네요 되돌아가야 하는 역사는 없겠지요 그것은 기록되는 문화로 가늠을 하지요 가늠하지만 가늠되지 않는 시간 위를 달려 조금 더 노화의 속도를 늦춰보려는 속셈이기도 하고요 고대부터 현재까지 달려온 거리를 인류는 수치로 기록해요 진정 그 안에 담아지는 것이 무엇인지 따져보지 않을 때도 많아요 미래도 그럴 것이지만 그들의 방법은 알 수가 없어요 그저 예측할 뿐, 세월을 되돌려 이십 년 전으로 가라면 가는 사람이 얼마나 될까요 숫자는 숫자에게 속아요 땀이 입에 들어가 찝질한 맛을 뺏기고 물이 돼요 자꾸 달려야 한다는 부추김을 거친 숨으로 토해요 깃발이 펄럭이며 숨소리 감출 때 안도된 아득함이 지열을 마셔요 들이마시기만 하는 승리로 원점에 도달하긴 쉽지 않아요

반환점에 선 깃발을 뽑아서 계속 달려요
돌아가는 공식을 다 외울 때까지

옥시모론(oxymoron)

늘어지고 당겨진 눈썹의 자리에 습곡이 말없이 불거져 있다
회초리 자국처럼 선명한 후회
나는 미모라는 여우를 가두고 키운다
아름다움으로 여우를 먹이고 키운다
당연함이 희석되는 건 알아서 되어지는 자들의 몫이다
거울 속에 비추어지는 모습에 스스로 채점을 한다
얼음으로 달래준다 식염수로 간을 한다
부풀린 눈허리를 당겨본다
지금 내가 무엇으로 감각을 찾으려는가
살갗이 촉감을 가두고 나를 차갑게 밀친다
십 년을 이십 년으로 미루고 애태우는 한 달이 일년 같아도
더해만 가는 무뎌진 감각, 무한정 빼기로 계산하면서 살아보는 것이다
아찔한 흔들림 위에서 거친 바람을 맞아보는 것이다

* 옥시모론 : 날카롭고 둔하다는 뜻인데 '서로 양립할 수 없는 것' 즉 '소리 없는 아우성', '수다쟁이 벙어리' 등의 사이를 설명할 때 쓰는 말이다.

이유준

동식이와 박스형

오늘은 역사가 되고 내일은 꿈이 된다

전생계약서

나는 고양이로소이다

프리지아 어머니

동식이와 박스형 외 4편

이 유 준

어떤 인기가수의 노랫말에서 언급이 된 뒤로
요즘 테스형의 인기는 하늘을 찌른다

반해 그의 친구 박스형은 퇴직 후 보안요원으로 일한다
성실했던 형도 이제 나이는 어쩔 수 없나 보다
근무지에 정위치 해 가끔씩 선 채로 졸기도 한다
봄이라 그런가 아침잠이 많은가
이른 시간이면 더 그렇다

동식이는 내 친구다
李씨가 다 그렇듯 급한 성격에 지루한 것을 못 견뎌 한다
고정 근무보다 순환근무나 파견 근무를 선호한다
근무시간 중에도 자리를 비우기 일쑤이다
신출귀몰 기동성이 좋은 보안요원이다

최근 일급기밀인 이들의 근무위치가 밖으로 흘러 나갔다
네비라는 꽃뱀과 내부요원의 내통으로 추정된다

회사의 수익은 반 토막 나고 철밥통인 줄 알았던
동식이와 박스형의 자리도 위협받고 있다
회사는 이들 대신 구간단속 자리를 늘리겠다고 한다

오늘도 네비양의 나긋한 고자질은 계속된다
육백 미터 앞 시속 백십 키로 박스형 과속단속 구간
입니다
삼백 미터 앞 시속 구십 키로 이동식 과속단속 구간
입니다

이번 주말 시골 내려가는 길에도
박스형과 동식이를 여러 번 만날 것이다
자리에서 밀려나지 말고 오랫동안 만나길 바래본다
귀가 얇고 입이 방정인 네비양의 목소리로
잠시 후 시속 구십 키로 구간단속 시작지점입니다.

드디어 시작되었다
아무래도 박스형과 동식이의 자리가 위태롭다
아 동식아, 아… 박스형!

오늘은 역사가 되고 내일은 꿈이 된다

어제로부터 넘겨받은 하루를 인계해 줄 시간입니다 오늘이 임기를 마치고 어제가 되었습니다 연임은 불가합니다 단임이 이곳의 로컬 룰이라고 합니다 방금 전 태어난 오늘이 지금을 살고 있습니다 오늘의 현재가 어제의 오늘과 어떻게 다른지는 잘 모릅니다 오래된 어제와 새로운 어제는 이제 과거로 통칭됩니다 하지만 과거에도 나름의 서열이 있다고 합니다 A에게 오늘은 B에게 어제일지도 모릅니다 하지만 A의 오늘은 B의 어제는 아닙니다 A는 죽었고 B는 아직 태어나지 않을 수도 있습니다 B가 A보다 나이가 많은지도 모릅니다 이 모든 것을 정확히 아는 사람을 아직 만나지 못했습니다 확실한 것은 이곳에서 내일은 없다고 들었습니다 또 다른 오늘이라고 불리어질 그것이 아마 내일인지도 모릅니다 떠나는 그에게 감사패를 전달해 주었습니다 감사패엔 이렇게 적었습니다

"당신의 헌신적인 노력과 봉사정신이 내 생존과 발전에 이바지한 공이 크므로 이에 내 뜻과 마음을 모아 감사의 마음을 이 시(詩)에 담아드립니다"

어제에게 주어진 선물은 좌절금지상자입니다

취임식을 마친 오늘이 내게로 왔습니다 그와 또 하루를 잘 지내볼 생각입니다 비가 옵니다 바닥에 엎질러진 물은 어떤 길의 시발점이 되었습니다 길이 있다는 것은 도망치기 위한 것입니다 무언가 흐른다는 것은 세상이 공정하려 애쓴다는 것입니다 좀 더 낮은 곳 안전한 지하로 물은 길을 냅니다 위험한 곳에서는 빠르게 지나고 쉴만한 곳이 나오면 여유도 부립니다 내려가고 올라가다 물이 한 바퀴 돌아 제자리로 왔습니다 다시 하루의 인수인계 시간이 되었습니다 지금 밖은 가뭄으로 타들어 갑니다

전생계약서

그는 심한 두통에 시달리고 있다 완전히 포맷되지 못하고 살아남은 마지막 한 줄의 기억이 그를 괴롭힌다 이곳의 규정상 세상에서의 기억은 복제와 동시에 자동으로 지워진다 그는 기억회로가 고장 나 죽는 순간의 기억이 지워지지 않은 것이다 좀 더 멋있게 죽고 싶었는데 모양 빠지게 죽었다고 빨리 태어나서 다시 죽고 싶다고 했다 세상의 시간은 이곳에서 다르게 읽혀진다 세상의 육십 년이나 십 년이나 일 년은 이곳에서 똑같이 하루로 계산된다 한 번 대여를 나간 영혼은 회수되면 메모리를 포맷하고 OS 업데이트해서 다시 하루 임대해주는 방식이다 요즘 그의 영혼에 남아있는 다른 사람의 흔적 때문에 고객의 크레임도 자주 받는다 이곳은 소규모라 지구만을 고객으로 하고 있지만 큰 업체들은 몇 개의 행성을 담당하기도 한다 이런 업체에서의 메모리포멧 불량 사고는 큰 사고로 이어지기도 한다 그는 요즘 멋있게 죽고 싶다는 생각을 하다가 깜짝 놀라곤 한다 글을 쓰다가도 운전을 하다가도 잠을 자면서도 그런 엉뚱한 꿈을 꾼다 불량영혼이 입혀진 그는 자기 안에서 낯선 타인을 여러 번 만났다 내가 다중인격인 원인은 아마도 수천 번은 재사용한 중

고영혼인 듯하다 전생계약서의 임대조건에 도중 반납은 불가로 되어있다

나는 고양이로소이다*

빌라 계단 뒤 구석의 휠체어
한쪽 바퀴의 바람이 빠져 기울어져 있다
녹이 슨 바큇살엔 거미줄이 반짝이고
팔걸이의 스펀지도 헤져 속살이 드러나 있다
닻을 내린 휠체어가 노인 대신 늙어가고 있다

좌석에는 낡은 옷가지로 만든 둥우리가 있다
휠체어 등받이가 벽이 되고 계단으로 지붕을 삼았다
귀가 예민해서 밤에 짜증을 잘 내는
길냥이로 추정되는 세입자를 본 사람은 아직 없다
둥우리의 주인은 낮에 일하고 밤에 들어온다

지난주 손 없는 날에 사다리차가 4층 창문에 닿았고
엊그제 작은 트럭에 3층집 화장대가 실려 나갔다
휠체어가 운행을 멈추던 날부터 1층은 비었고
2층 노총각도 백주를 틈타 얼마 전 달아났다
대낮의 사정은 모른 채 밤에 퇴근하는 둥우리 주인은
어느 날 문득 빌라의 주인이 되었다

소개령이 내려진 적막한 빌라
재건축의 조준경 십자 위에 올려놓은 계단
이미 카운트다운은 시작되었다
해거름이 되어도 새들이 날아들지 않는 이유를
고양이는 알까

나른한 봄날
이 편안함이 주는 그 위험함을 나는 대체 알기나 할까

* 제목 「나는 고양이로소이다」는 나쓰메 소세끼의 책 제목을 인용했음

프리지아 어머니

축하 꽃다발로 받아와 화병에 꽂혀있는 프리지아
두 주 지난 지금도 노란 빛이 선명하다
생명 연장 기술로 시들지도 못한 채
굳은 표정으로 억지웃음 짓고 있다
죽을 권리조차 빼앗긴 그의 감정노동은
언제 끝날지 모른다
그만 나를 놓아달라는
애절한 눈빛이 그믐달처럼 서럽다

어머니 응급실 침대 옆에 꽂혀 있는 링거줄
그 집요하고 투명한 줄기가 전신을 휘감는다
죽어지지 못하고 깨어나 또다시 떠진 눈
놓아달라는 소리 없는 애원이 눈동자에 핏발로 서렸다

생후 두 번째 맞는 임인년(壬寅年)
한 바퀴 돌아 새로 한 살 먹고서야 철이 드나 보다
가신지 수년이 되어서야
프리지아 봄꽃으로 다시 오신 어머니
효를 가장한 못난 아들의 빗나간 위선을
적나라하게 일깨워준다

이혜숙

흙 속에는 무지개가 산다

가시 같은 말 삭제하기

이순신 장군을 만나다

바람의 사랑법

갯벌의 문장

흙 속에는 무지개가 산다 외 4편

이 혜 숙

지난 초겨울 화단에 검정비닐을 씌우고 흙으로 덮어
놓았다
흙 속에 무엇을 숨기었는지 아는 사람은 단 한 사람
뿐이다
나는 지나갈 때마다 그 정답을 찾으려고 관심 있게
보았다

햇살이 화단에 내려와 두런거리며 종일 놀다 돌아가고
생명수 같은 봄비가 밤새 내려서인지
이불을 걷어차듯 흙을 밀어내고 여린 싹들이 뾰족이
나왔다
열매를 보면 나무를 알 수 있다는데
어린 새싹을 보아서는 정답을 모르겠다
조금 더 관찰한 후 정답을 맞히려다
화단을 가꾸시는 할아버지께 여쭤보니 튤립이란다

각양각색 예쁜 빛깔로 화사하게 웃으며 반겨준다
화단의 흙은 무지개를 품고 사나 보다
어떻게 球根의 색깔을 알고 빨강 노랑 분홍 꽃을 피
워내는 것일까

꽃이 지고 나면 球根이 어떤 색을 품고 있는지 아무도 모른다
할아버지는 내년에 색깔별로 심으려고 결심하신 듯
꽃대마다 자기 색의 이름표를 목에 걸어주었다

새봄이 되면 혹시 球根이 색깔을 잊을지라도 흙은 기억하리라
그리하여 갖가지 색으로 꽃들을 피워낼 것이다
흙 속에는 무지개가 산다

가시 같은 말 삭제하기

추운 겨울바람이 사라지고 봄소식에 화분 몇 개 들였다
목이 긴 사슴을 닮은 꽃기린을 분갈이하다 가시에 찔려
아픈 손가락을 붙잡고 잠시 지나간 시간을 되돌아본다

모가지가 긴 나는 상기된 얼굴로 창밖을 응시하고 있다
햇살이 봄을 이야기하며 베란다를 향해 들어오는 것을 보기 위해서다
온몸에 가시가 돋아 있는 나를 누구도 가까워지기를 꺼린다는 걸 알고 있다
내가 처음부터 가시를 가지고 태어난 것은 아니었다
고향에 두고 온 부모 형제 그리는 타향살이에 목이 길어지고
애끓는 그리움의 깊이가 온몸에 가시를 만들게 된 것이다
고난의 깊이만큼 가시를 내 몸에 키우며 험한 세상 살아내다 보니
의도하지 않게 누군가의 마음에 상처를 남기는 가시

같은 말을 하고
내가 옳고 상대는 그르다며 가르치려 위선을 떨던 나를 보았다

가시 같은 나의 말이 그의 가슴에 얼마나 쓰린 상처로 남았을까
회개라는 말로도 그의 가슴에 난 상처의 상흔이 지워질 수 없으며
쏟아진 말들이 그의 가슴에 가시처럼 박혔다는 것을 나는 알고 있다
그를 가르치려 했던 어줍잖은 주장과 교만한 말들을 지우고 싶다

내가 쏟아 놓은 가시 같은 말들을 블록잡아 Delete 키를 누른다
삭제한 언어의 가시가 그의 가슴엔 용서의 꽃으로 피기를 바라며
오늘 나를 뒤돌아보게 하는 꽃기린 가시를 가슴으로 안아본다

이순신 장군을 만나다

정선의 은사님이 통영으로 이사 갔으니 놀러 오라는 전화를 받고

친구와 함께 통영 여행을 갔다

통영 유람선 선착장에서 연화도 행 배에 승선하였다

한려수도 절경에 정신이 혼미해질 지경이다

그런데 갑자기 배가 심하게 흔들리더니 용머리바위에 부딪혀 파선했다

우리는 정신을 잃었다 깨어나 보니 병사들이 팔을 묶어 끌고 갔다

우리를 어떤 장군 앞으로 끌고 가 무릎을 꿇게 했다

배에 승선했던 많은 사람들이 끌려 와 심문받고 있었다

우리 차례가 되었다

장군처럼 보이는 사람 앞에서 심문이 시작되었다

21세기에서 온 우리를 우주인 취급을 하고

휴대폰을 정보를 빼내려는 무기로 오해하였다

어디서 왔느냐 서울 아니 한양에서 왔습니다

무엇을 하러 왔느냐 통영의 한려수도가 나폴리보다 아름답다기에

사진을 찍으려고 여행을 왔습니다

신하 한 사람이 이순신 장군을 아느냐고 했다 나는 500년 전 한산대첩에서 왜군을 물리쳐 대승을 거둔 명장 중의 명장인

우리의 선조이며 존경하는 장군으로

그분 덕분에 후손들이 편안히 살고 있다고 대답하였다

너희들이 살고 있는 세상은 어떠냐고

우리나라를 넘보는 왜군은 없느냐고 장군이 다시 물었다

이순신 장군은 지금도 백성들과 나라가 걱정이라고 하셨다

나는 장군님께 거북선이 있는 한 누구도 감히 쳐들어오지 못하니

걱정하지 마시고 편안하고 건강하게 행복하게 사시라고 하였다

장군은 고개를 끄덕이며 안도의 숨을 쉬는듯하였다

그리고 "나의 죽음을 적에게 알리지 말라"하고 용궁으로 들어가셨다

* 김순진의 「카리브해로의 상상」을 패러디하다.

바람의 사랑법

나는 어디로부터 와서 어디로 가는지 알지 못하고 삽니다
바다 건너 이국땅에도, 산으로도 들로도 다니며 바쁘게 삽니다
가만히 있지를 못하는 나를 보고 사람들은 역마살이 끼었다고 하죠
사람들은 날이 좋은데 꽃이 핀다고 호들갑들을 떨죠
나는 질투가 나서 살랑거리는 아가씨 치마를 뒤집어 놓았죠
깜짝 놀라서 두리번거리는 모습을 보니 즐거웠죠

나는 산행을 마치고 그 사람이 보고 싶어 찾아갔었죠
나를 보더니 쾅 하고 문을 닫아버리고 창문도 닫아버렸죠
얼마나 서운했는지 몰라요, 그 사람과 항상 같이 있고 싶었죠
나는 그 사람의 두꺼운 외투를 벗기고 싶었어요
그의 가슴이 얼마나 넓은지 확인하고 싶었던 거죠
이런 나의 마음을 모르는 척하면서 옷을 여며 입었죠

나는 그가 다른 여자와 나란히 걸어가는 걸 보았죠
질투가 폭발해서 그 여자 머리를 정신없이 헝클어놔 버렸죠
스타일 구겼다고 당황하는 꼴이라니 재미있었죠
그가 목련꽃은 보면서 나의 존재는 느끼지 못하는 것이
질투가 나서 마구 흔들어 놓았죠

역마살이 끼었다는 건 고단한 일이죠
산에도 가야 하고 들에도 가야 하고 바다에도 가야 하니까요
구름도 나무도 꽃들도 내가 없으면 안 되는 나는 바람이죠

갯벌의 문장

편지나 엽서를 보내면 1년이 지나서야
받아 볼 수 있는 느린우체국이 있다

그간 얼마나 빠름을 강조하여 왔던가
편지나 이메일도 급한 마음에 카톡으로 보낸다
상대방의 상황이나 형편을 살피기보다
빨리 묻고 빨리 답장을 받아야 한다
퀵서비스 패스트푸드 SNS
기다림의 여유란 그 어디에도 없다
영종도 휴게소에서 급변하는 세상을 향해
느림의 미학을 흰발농게 우표를 붙여 우체통에 넣는다

바다의 편지엔 영종도 갯벌의 문장이 빼곡이 쓰여 있다
검은머리갈매기가 끼룩끼룩 편지를 읽어준다

장웅상

행운의 2달라

긍정의 나무

금(金)요일 단상

이상(李箱)의 이상(異常)과 이상(理想)

세종대왕을 만나다

행운의 2달라 와 4편

장 웅 상

당신은 우리와 달라도 너무 달라you
미국에서 태어나서 피부색이 지들과 달라you
당신은 세계 곳곳을 누비고 다니지you
한국에서도 당신을 자주 볼 수 있지you
당신은 지들과 노는 물도 달라you
당신은 코드명도 가지고 있다지you
당신이 옆에만 있어도 배가 두둑해져you

미국 서부 개척시대 사람들은 특히 당신을 좋아했다지you
당신은 소원을 들어달라고 빌면 들어주는 힘이 있지you
당신은 여배우 그레이스 켈리를 모나코 왕비로 만들어준 행운아지you
근데 당신은 노력하지 않는 사람의 소원은 들어주지 않아you

당신은 항상 토마스 제퍼슨이 그려진 옷을 입고 다니지you
당신은 언제나 각잡힌 몸을 만들기를 좋아해you

지난 연말 은행에서 우연을 가장하여 당신을 만났지
you
하늘에서 달라 벼락을 맞은 기분이었지you

당신을 안 후로 달라진 지 모습을 발견하게 되었지
you
달라당 자빠지지 않고 앞만 보고 열심히 살아볼게
you
지 좀 봐you
팍팍 좀 밀어줘you
그라믄 복 받을거you

긍정의 나무

지난 8월 양평에 들렀어
용문사 대웅전 앞에 깊이 터전을 잡고
살아가는 한 선승이 있었어
그는 손에 지팡이를 들고 있었어

그는 뜨거운 태양을 온몸으로 견디고 있었어
그는 목탁 소리를 들으며 자랐다고 했어
그는 임진왜란에도 끄떡 없었고
한국 전쟁의 포화 속에도 화상을 입지 않았어

그에게 장수의 비결을 물었어
욕심을 내려놓고 사는 게 비결이지
바람이 부는 대로 눈이 오는 대료
자연의 연주를 들으며 긍정적으로 살고 있다네

그는 이 시대의 살아있는 노자였다
인간이 집착을 내려놓고 산다는 게
얼마나 어려운 일인가
그가 들고 있는 지팡이는
아마도 서산대사가 땅에 꽂아놓은 지팡이였을 것이다

<

그는 궁정의 생각들을 알알이 받아 적고 있었다

금(金)요일 단상

금요일(金曜日)이고 공휴일이다

나는 돈을 벌 때마다 금(金)을 샀다
금(金)목걸이와
금(金)귀걸이를 사모았다
그러자 금(金)치라며 김치도 먹지 말라던 아내
금방(今方) 입이 귀에 걸렸다

금(金)이 있으니
금슬(琴瑟)이 좋아진 부부
금(金)이 있니
금식(禁食)해도 배가 부르다

금세 김씨(金氏)네는
금고(金庫)에 금궤(金櫃)를 가득히 쌓아두었단다

금(金)배지 한 번 달아볼까
참자, 금[線] 밟지 말자
인생을 살며 정치에 휩쓸리는 건
금치산자(禁治産者)와 같은 행위다

<

오늘도 내일도 돈 버는 족족
금이나 사 모으자
그게 사는 즐거움,
금상첨화(錦上添花)다

이상(李箱)의 이상(異常)과 이상(理想)*

이상(李箱)과 그의 시집 오감도(烏瞰圖)에 대해 네가 모르는 것을 알려줄게
이상(李箱)의 본명은 김해경(金海卿)이야
그의 아버지가 바다처럼 넓은 곳을 다스리라고 붙여준 이름이지
그는 경성제대 건축과를 졸업하고 건설현장에서 감독으로 근무했어
일본인들은 그의 성을 이씨로 잘 못 알고 이상(李さん)이라 불렀지

그는 시 속에 엄청난 수수께끼 상자를 넣었어
그래서 그는 이상(李箱)이 되었지
그의 시는 띄어쓰기가 없어서 너무 이상(異常)해
오감도(烏瞰圖)는 다섯 가지 감각의 그림인 오감도(五感圖)가 아니야
그는 건축과를 다녀서 조감도(鳥瞰圖)를 만들었는데
제목을 오감도(烏瞰圖)로 바꿨지
오감도(烏瞰圖)는 식민지시대 지식인의 이상(理想)이 표현된 시야

그는 30세도 되지 않고 죽은 시인이지만
그는 더 이상 천재 이상(以上)도 천재 이하(以下)도 아니야
이상(以上) 이상무(異常無)

시인(市人, 카페 주인)으로서의 그의 봄날은 갔지만
시인(詩人)으로서의 그의 봄날은 영원하다는 것을 시인(是認)해
이상(李箱)의 시가 아직도 내 몸속에서 이상(異常)한 가역반응을 하고 있어
내 이상(理想)의 겨드랑이에 이상(異常)하게도 이상(李箱)의 날개가 돋아나는 중이지

* 이상에 관한 논문 제목
* 이상 시의 제목

세종대왕을 만나다

광화문을 걷는데 세종대왕상이 보였어
나는 멀찌감치에서 90도로 인사를 했어
그러자 동상에서 눈물이 흘러내렸어
나는 갑자기 걸음이 멈추어졌어
얼마 후 구름이 서서히 걷히고
세종대왕께서 유유히 걸어오셔서 말씀하셨어

요즘 외국어 통신어 신조어가 너무나 많아 걱정이라네
한국이 마치 외국과 같다는 느낌이 드네
대왕님 news desk를 소식책상이라고 쓰는 것도 웃기지 않습니까
외국어와 외래어를 쓰는 건 어쩔 수 없사옵니다
짐이 훈민정음을 만들 때와 600여 년 흐른 지금이 다르다는 것은 인정하네
그럼 자네 말을 위안 삼고 이제 그만 가보겠네

세종대왕은 다시 구름 사이로 사라지셨어
광화문의 햇볕이 세종대왕상을 따스하게 수놓고 있었어

장태숙

무너미라 불리는 수월

무릉도원에 살다

다시 살다

뭉개다

부모님 산소에 다녀오다

무너미라 불리는 수월 외 4편

장 태 숙

초록 들판 노랑나비 날고
하늘의 햇살은 황금빛으로 부서진다
가로수와 조림수로 들여온 포플러가 초등학교 등굣길
완행버스 지나간 신작로 가에 허연 먼지를 쓴 채 서 있다

여인의 속치마 벗어 놓은 듯한 연한 금빛 모래
강물은 넓게 흐르고 바람막이 포플러가 숲그늘을 만든다
구름은 포플러 머리 위에 앉아 한가로이 놀고
나무 꼭대기 말매미는 힘차게 울어 재친다

단밀 도리비 부속마을 물 넘어 있는 동네라는 뜻이다
재방이 없어 물이 불어나면 마을로 물이 넘어갔다고 하여 수월
하천 부지에 작은 원두막이 있어 햇살과 비를 피할 수 있는 곳
저만치 맨발로 수박밭을 일구던 부부
살구재 아래 목사동에 살던 파평윤씨 일가족이
신천지를 찾아 피땀으로 일구며 정착하던 그곳

<

구불구불 청보리밭을 가로질러 초등학교까지 걸어 다니던 곳
논에 물을 먼저 대기 위해 아귀다툼 현장이었지만
추수 끝난 휑한 넓은 들에 펼처진 밀레의 만종과
이삭 줍는 여인들의 서정적인 그림을 보고 자란 곳이다

무릉도원에 살다

딸아, 이곳에 오면 나는
늘 밖이 보이는 창문 앞에 앉는다
네가 내게로 오던 그날, 그때가 시월이었다

통행금지 사이렌이 왱, 하고 울린다
내 몸이 이상이 온다
산허리 어디쯤에 꼼지락거리는 너
언 땅을 가만히 녹이고 있으니
하늘이 노랗다고 했다
그러나 나는 천지간이 기우뚱거렸다
암흑이었다
어렴풋이 귓전에 아기 울음소리 들려오고
개천절 아침에 툭 터지는 햇살 따라온 새 생명의 첫날

너는 영원한 나의 복사꽃으로 태어났다
너에 반하여 동산 맞은편 언덕배기 따라
나지막한 산허리에 곱게 피어있는 도화동
나는 그곳에서 평생 살았다
너와 함께 사는 동안 매순간 절정의 복사꽃이 피었다
백도 황도 중에 화영도 으뜸 중에 으뜸이었다

<
수천 년을 이어온 나는 너로 인해
평생 동안 무릉도원에 살고 있었다

다시 살다

어디서 왔는지 붉은 작약이 담장 아래 피어 있다
담쟁이는 반가워 속삭이듯 입이 달삭인다
몰래 개망초꽃이 담장을 넘어 들어와 터를 잡고 마당을 지킨다

먼 길 오느라 힘들지 어서 들어와
배 고프지 밥 먹자
빈집에 모두 둘러앉아 기다리고 있었다
모두 다 떠나간 빈집에서 뻐꾸기시계 주전자가
정지된 사진 속 가족 한가로이 시간을 보내고 있다

이웃집 할머니 아저씨 아주머니 밤새 쌓던 사랑이야기가 벽에 걸려 있다 자식 자랑이 분수처럼 쏟아지고 신명이 돋던 이야기보따리가 걸려 있다 그리운 가슴을 쓸어내리는 환희의 횃불을 들고 집안으로 들어선다

뻐꾸기시계는 뻐꾹뻐꾹 음정 박자 맞추어
조약돌에 밤을 지키던 젊은 날 넋두리를 늘어놓는다
삐 소리를 뿅짝으로 뜨겁다고 유난을 떨던 표면이 반짝이던

삐삐 주전자도 소리 없이 늙고 있다

나는 다시 손때 묻은 주전자를 꺼내 물을 끓인다
컵라면 봉지커피에 물줄기를 내려주던 다정함이 여전하다
정지된 그곳이 다시 살아난다

뭉개다

흐린 날이 몇 날이더니 간신히 햇살이 다녀갈 뿐
여전히 무거운 추를 달아둔 듯 구름이 잔뜩 내려앉아 있다
누가 금수강산을 뭉개라고 했던가
솜구름 뭉게뭉게 골반을 이용해 춤으로 오늘을 안무할 때
서쪽 노을이 무대를 뭉개버리겠다고 한다
바람은 보리밭을 좌로 한번 우로 한번 쓸고
키 큰 갈대는 슬렁슬렁 힘을 모으고
나뭇가지 살살 부채질하며 일으켜 세운다
구름 사이로 굽이굽이 달려가는 강아지 신이 나
화단을 거침없이 이리 뛰고 저리 뛰고 마구 뭉갠다
꽃들은 밟히지 않으려고 몸을 좌우로 돌이돌이 부지부순
싸우면서 공통 이해관계 서로 돕는 적대적 공생 관계
제명의 처리로 슬그머니 뭉개고 국민 불신만 부추겼다가
시늉만 한 뒤 없었던 일로 밍그적밍그적
기억 속으로 뭉개버린다

찬비 맞아 누운 저 꽃 위로 노란 가로등 조용히 내리고
서쪽 하늘 해는 노을빛으로 오늘을 뭉개고
내일 아침 동쪽 하늘 붉은 노을빛으로 하루를 뭉갤 것이다
둥실둥실 구름의 두께가 두텁다 해도 걷힐 날이 있고
바람이 불면 흔들리는 나무 바람이 부는 쪽으로
다른 바람이 불면 반대로 기울어지고
아무리 흔들려도 깊은 뿌리는 흔들리지 않는다

부모님 산소에 다녀오다

조금 늦은 잠 탓에 아침이 분주하다
평상시에는 드립 커피라도 한 잔 내려 여유롭게 보내고 시작하는데
어버이날 꽃 준비했다 가지 않으면 걱정 하실까봐
가는 것만으로도 얼굴에 웃음꽃 피우시니 웃게 해드릴려고 부산을 떤다

아버지의 혼을 받아 어머니 태에서 분리되어 나온 나
처음 당신을 만나 울었다
당신이 아프면 내가 아프고 슬프면 나도 슬프다
내가 환하게 웃으면 그날은 기쁨의 미소가 일고
배냇저고리 이불 기워 두고 베갯잇 수를 놓던 그날
한땀 한땀 어머니 기도가 된 산봉우리 봉우리에 꽃피어나고
흰 구름 산허리 살포시 품고 꾀꼬리 목소리 고와 이슬이 또르륵 흘러내리듯
톡톡 던지는 것을 공손하게 받으며
바늘 같은 빗방울도 둥글둥글해진다
툭툭 쏘아대는 말을 가슴으로 받던 당신
송곳 같은 자식 사랑으로 쓰다듬고 따뜻하게 품어

가슴 한 켠에 모여있던 눈물
삶의 무게 버거운 사랑 다 흘려내리고
여기에 나란히 젖줄이 되어 나를 기다린다
당신 가슴 찡한 감동을 담고 애절하게 보고 싶은
언제였는지 기억만 남았던 향기를 담고 있는
봉화산에 나란히 솟은 두 개의 봉분

부모님 육신은 흙 속으로 사라졌지만
어느새 맑고 하얀 꽃송이 피우셨네
왜 이렇게 눈물이 나는지
나란히 솟은 어버이 젖가슴을 어루만진다

전옥정

푸른 콩나물밭
뒷발질
아무나 못하지
우주를 보다
나이야가라

푸른 콩나물밭 외 4편

전 옥 정

밭 갈아 골 만드는 아부지 뒤를 따라다니며
오른손에 호미 든 채 콩이 담긴 종다래끼 옆에 차고
한 손은 땅 파고 또 한 손은 콩 집어넣고 흙으로 덮는다
며칠이 지났을까
콩 심은데 콩난다고 했다
그런데 내가 심은 콩은 콩이 안 나오고 푸른 콩나물이 나왔다

이른 아침 새암가의 아지매들 깔깔대는 소리
동이네 인구실 밭에 새파란 콩나물이 빽빽하게 올라온다고
아낙들의 떠드는 소리는 소녀의 귓전을 때린다
마을의 이슈가 된 푸른 콩나물을 잡아 채다가
녹색 콩나물무침 잔 뿌리 굵은 뿌리
파 마늘 송송 송 참기름 깨소금 친 양념장 만들어서
푸른 콩나물밥 맛있게 비벼 먹었다

낚아챌 때 피한 애들은
하나님께서 남겨놓은 이스라엘 백성들처럼

제 몫을 다하는 사명자로서
뙤약볕 열기 아래 무성한 콩포기의 잎새로 자라
농창농창 휘는 허리 녹록지 않은 세상
종족 번식의 본능으로 몸통 안에 노란 애들을 품고서
때로는 무섭게 몰아치는 폭풍과 맞선다
그해 가을 그들은 울 아부지의 손에 도루깨 타작을 당하고서야
때깔 좋은 얼굴로 내 앞에 들이밀었다

콩콩 콩 콩콩거리며 뛰어다니는 손주
위층에 할머니 날 볼 때마다 미안하단다
콩나물콩 메주콩 약콩 검정콩 강낭콩 넝쿨콩 완두콩 작두콩
콩콩, 다시 종류마다 다 심어 볼거나
아 근데 땅이 없네 그려

뒷발질

눈 앞에 그려지는 내가 살던 고향
그가 없이는 농사 일이 힘든다
그는 집집마다 귀한 존재다
아랫방 아궁이 큰 무쇠솥
소죽을 끓이고 먹이고 등을 긁어주고
멋진 황소 뿔을 만져주는 오라버니에게
옆집 아재가 다가오며 하는 말
오늘 읍내 장에서 아랫말 춘삼이가
황점리 홍가네 아들하고 씨름 한 판 붙었는디
누가 이긴 줄 아남 아 글씨 춘삼이가 이겼다니까
너스레 뜨는 옆집 아재에게 오라버니 왈
허허 갸가 황소 뒷발로 쥐 잡았구만요

시에 대해 쥐뿔도 모르면서 배워 보겠다는 열망 하나로
시 창작반에 뛰어들어 시를 배우기 시작했다
두 번째 과제로 올린 시가 그날의 장원이라고
교수님께서 말씀하신다
문득 황소 뒷발질에 쥐 잡힌 거여
혼자서 피식 웃음이 나온다

<
울 엄마는 뒷발에 치이는 손녀를 밟지 않으려다가
그만 요추뼈를 다치고 말았다

황소 뒷발에 밟혀서 죽는 쥐
뒤지게 재수 없는 쥐
뚜뚜벅 뚜두복 네 발의 황소 걸음걸음이
눈앞으로 다가온다

아무나 못 하지

쿵 쾅 쿵 쾅
원더풀 원더풀 아빠의 청춘
헤 이!
간간이 나오는 아쿠아로빅 강사의 우렁찬 추임새
누구의 청춘, 내 청춘이지

턱밑까지 차오르는 깊은 물 속에서
개구리헤엄 강아지헤엄 치지도 못하면서
팔다리들은 나의 청춘을 찾노라고
저마다의 몸짓으로 출렁이는 물과 함께
하나 되어 춤을 춘다

출렁출렁 첨벙첨벙
수중 마스크 위로 앞으로
튀어 다니는 물방울들도
가쁜 숨을 몰아쉬고

뒤이어 나오는 노래
사랑은 아무나 하냐고
그렇지 태진아는 수중 마스크 쓰고

물속에서 아쿠아로 빅 못하지
아무나 하냐고
아무나 못 하지

팔순이 훨 넘으신 옆줄의 할머니
날 보시고 젊어서 좋겠단다
오 예! 아싸
나는 젊은이

우주를 보다

고향 집 앞마당에 활짝 피어난
달리아꽃
자색의 은은함으로 가을을 물들인다
파란 하늘의 뭉게구름과 모델이 되어주고

온 가족의 한해살이 장을 품은 독들과
뙤약볕 아래 바람맞고 비 맞으며
서로를 위로하며
하현달 상현달 북두칠성 옆에 끼고
심심찮게 놀아주는
어둠이 몰려오면 푸른 별빛 촘촘히
찾아와 주는

나 어릴 적 뛰어놀던 마당 한켠에
맴도는 고추잠자리 따라 폴짝거리며
까르르 웃음 짓는
예쁜 내 여동생의 동그란 얼굴같이
수줍은 듯 피어오른 어여쁜 달리아
우아한 공처럼 아름다운 너

열정과 화려함의 꽃말을 가진
사랑받기 좋아하는 너
겹겹의 꽃잎으로 쌓인 너의 얼굴은
동그란 우주를 담은 듯해

얼마나 많은 이야기보따리
겹겹의 네 표정 속에 담겨 있을까
붉게 물든 너의 뺨에 코끝을 대본다
사랑해 달리아야

나이야가라

먹어도 먹어도 먹히지 않는 나이야가라
수만 년 흐르는 오묘한 창조주의 솜씨 나이야가라
밤이면
현란한 무지개를 안고 흐르는 나이야가라
둥근달도 북두칠성도 힘 못쓰는 나이야가라
물안개 사정없이 출산하는 나이야가라
알레그로 콘브리오의 고공행진 나이야가라
미국과 캐나다 국경에 걸친 폭포 나이야가라
그 무엇이든 삼켜버릴 무서운 기세 나이야가라
나이를 먹을 수록 좋아하는 그 이름 나이야가라

나이야가라 가란다고 가냐 나이야가라
가란다고 갈 거면 진작 갔지 나이야가라
나이야가라 폭포에서 소리 질러질러 나이야가라
그래봤자 소용없음 나이야가라
why
내 나이가 어때서 자꾸 가라고 하냐 나이야가라
詩 배우기 딱 좋은 나인 girl

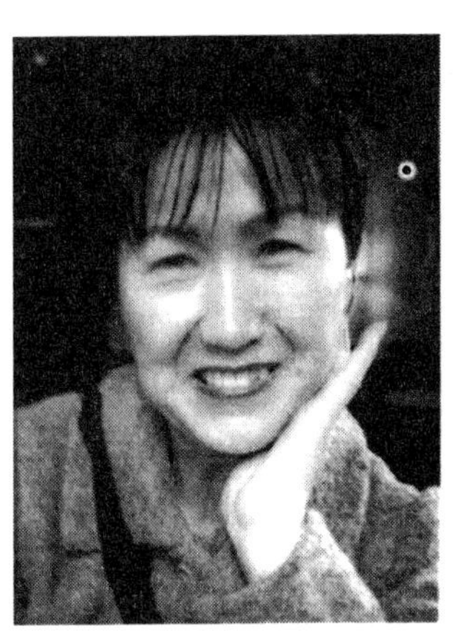

정춘식

흔들리는 오두막집
칠부바지 그녀
샴푸축제
춤꾼들의 기우제
집들이를 가다

흔들리는 오두막집 외 4편

정 춘 식

용마산 숲속 작은 길엔
찬바람만 길을 못 찾고 윙윙 울고 있다
겨우내 콩새아버지가 보이지 않아
몹시 궁금하였다
알고 보니 문화대학에서
대목 소목 건축목공수리자격증을
취득했다는 소식이 들였다
키가 작은 콩새아버지는 남의 손을 빌리지 않고
새벽잠을 설치며 도면을 그렸다
차가운 바람에도 따뜻한 아랫목을 생각하며
이끼 풀을 단열재료 사용하였다
붉은 벽돌을 쌓을까 회색벽돌을 쌓을까
고민 끝에 짙고 선명한 녹색벽돌을 쌓았다
벽에다는 무슨 그림을 그릴까
찔레꽃 개나리 제비꽃 고민하다
아이들이 좋아하는 조팝꽃을 그려놓았다
드디어 콩새아버지의 평생 결심에 따른
녹색의 공중 집이 준공되었다
흔들리는 집에서 나는 아이들의 웃음소리가
하늘을 파랗게 그리고 용마산 푸른 숲을 키울 것이다

칠부바지, 그녀

어린 시절 천방지축 이리저리 뛰노는 나를
사람들이 엄청나게 깔보았다
매일같이 친구와 모여서 있는 자리에도
바짓단엔 늘 흙이 껌딱지처럼 붙어 있었다
마당질하는 가을날이면 바지 끝자락은
흙이 범벅이 되어 있었다
건넌방 부엌 옆에 있는 툇마루에 걸쳐 앉아 졸다
땅으로 떨어진 적이 한두 번이 아니다
그러던 어느 날 사춘기가 지나 스무 살이 된 나에게
그녀가 미소를 지으며 친구 맺자고 찾아왔다
나는 레이스만 너무 많이 붙이고
정강이가 짧은 바지는 싫었다
라일락, 그녀는 작은 키에 향수를 너무
많이 뿌려서 싫었다
목련꽃 그녀는 내 키를 잘 알고
복숭아뼈가 보이게 입으라고 했다
나에겐 키 큰 친구 키 작은 친구 다 있지만
나를 깔끔하게 만들어준 넝쿨 째 굴러온 그녀는
칠부바지를 즐겨 입던 벚꽃 친구다

샴푸축제

여의도 윤중로 머리를 흔들며 춤추는
일명 샴푸축제가 시작됐다
뚝방길 옆 화살나무는
소나무보다 더 많은 샴푸를 했는지 춤을 잘 추고
등나무는 머리를 너무 많이 흔들었는지
혼비백산하며 뿌리째 뽑혔다

뚝방길 앞쪽의 황매화는 머리가 모두 날아가 버렸고
벚꽃은 빠글빠글하던 파마머리가
바람에 흔들려 새치가 공중 비행 중이다

뚝방길를 걷다 보니
온통 머리를 흔들며
너나 할 것 없이 샴푸축제에 참여 중이다
홍매화 벚꽃 목련은 계절이 깊어질수록
탈모가 진행될 것이다

샴푸 축제에 참여한 사람들은 모두
제 머리카락을 잊어버리고
녹색 가발을 쓸 것이다

춤꾼들의 기우제

가뭄이 계속되면서 망우묘지에서
춤추는 방식으로 기우제를 지내기로 했다
전국구 춤추는 분들은 다 모이시오
많을수록 좋습니다
아카시아 언니가 느닷없이 난입해
코고무신을 신고 막춤을 추었다
벚나무는 할머니의 몸빼바지를 입고
캉캉 춤을 추었다

드디어 춤판의 열기가 무르익은 가운데
회색 쫄바지를 입은 참나무 춤꾼이 나타나
양다리를 마름모로 벌렸다가 좌우로 흔들며
언벌리버블을 외치며 흥분했다
그는 박수를 치며 팔을 머리 위로 흔들었다
그는 팝스타 마이클 잭슨의 노래에 맞춰
백스텝 춤도 추었다
그는 익살스러운 춤을 추는 타고난 춤꾼이다

집들이를 가다

6월의 녹색이 짙을수록 여름 햇볕은 강열하다
종로 청기와 뒤켠에 사시는 할아버지께서
모든 번뇌를 끊고 깨달음에 사람들을 가까이하지 않으셨다
오랜 세월 지나 오늘 집들이를 하신다고 연락하셨다
할아버지께서 원래 경주에 사셨다
남산에도 조금 사시고 지금 청기와 집이
세 번째 이사 오신 집이다
친구들하고 발 빠르게 청기와 집을 반나절을 누볐다
넓은 정원에 노송할아버지 참나무할아버지 느티나무 할아버지는
손님 맞는 북새통에 앉자 있을 시간이 없다
석조여래좌상 할아버지의 자비로운 얼굴
오른쪽 어깨를 드러내며 어깨에 저고리를 걸쳐입으셨다
왼손을 무릎 위에 얹고 오른손 손가락으로
땅을 가리키며 조심하라고 하셨다
오늘이 할아버지께서 국가지정 문화재
<보물>로 승격되신 날이다

* 2018년 4월 20일 청와대 내 석조여래좌상은 국가지정 문화재 <보물>로 승격되었다.

전주은

말의 코디네이터를 꿈꾸다

거짓말

어른이 되기 전 시간들

바다, 재생하다

두부

말의 코디네이터를 꿈꾸다 외 4편

전 주 은

내 시적 표현은 늘 서툴다
나의 기교는 제멋대로다
말[言]에 옷을 입히면 어떨까
겉돌았던 말들이 하나 둘 단추를 잠그고 중심을 잡는다
잘 빨아서 입힌 말들이 정화된 단어로 널어진다
낯설지 않고 자유로움을 추구할 권리는 누구나 있다
억제되고 정제되었던 말들은 쏟아내고 싶어한다
신중함이 필요할 때면 정장을 입힐 필요가 있다
거친 말에는 벨트로 단정함을 묶어도 좋겠다
가족간의 말에는 프리스타일로 안정감을 주어도 좋겠다
가까울수록 조심성은 필수다
가장 쉬운 걸 가장 어렵게 살고 있다
아마추어의 덜 갖추어진 말이 삐딱한 샷으로 아웃되는 곤란함은 없어야 한다
말의 떨어진 단추를 되주워오기란 쉽지 않다
널어놓은 말들이 제멋대로 공기와 섞여 습한 곰팡이가 필 때면 곤란할 지경이다
말 한마디에 상처가 아물고 말 한마디에 등지는 웬

수가 생긴다
말에 맞는 치수의 옷을 입히면 좋겠다
말에 옷을 입혀서 단정함을 추구해본다

말은 상상한다
잘 다려진 옷을 입은 깔끔한 모습을

거짓말

그는 기웃거리는 못된 습성이 있어 믿음을 깨는 건 늘 그가 첫 번째였어 사랑을 거짓말로 엮지는 마 숭고하다고 믿었던 것에서 또 하나의 깨지는 소리가 들리거든 거짓말에는 예수도 괴리감이 느끼기에 충분해 껄끄러운 일이라는 거야 그의 치마에 가려진 것들은 많아 보이지 않았을 뿐이지 하지 말아야 할 것들과의 구분은 늘 분명해 거부할 뿐이지 선과 악은 의외로 구분이 쉬운 일이야 착각으로 덮어 놓았을 뿐이지 이건 진실에 더딘 현상으로 만들어지는 일이야 걸음마를 배운 아이들은 알아 엄마의 눈빛으로 빠르게 습득하게 되지 진도는 바르게 가고 있었어 도중에 회피할 뿐이었지

그는 상처로 남아 당연한 일이지 보이지 않은 일이라고 우습게 보지는 마 잠시 가려져 있었을 뿐이야 그의 성격은 유성펜과 같아 함부로 사용하지는 마 지우는 동안 식은땀이 흐를 거야 그의 출현은 가위로 눌리는 일보다 끔찍한 경우의 수야 이럴 때는 성경도 주저하지 에덴은 사라졌어 아담과 이브는 넘쳐나고 무화과는 더 이상 궁금하지 않아 그가 십자가를 진 예수가 될 수는 없어 그는 뱀처럼 기어 다녀서 금방 들통나지

는 않아 소름 끼치는 감각이 도와줄 뿐이지 사회적 거리가 필요한 건 거짓말도 마찬가지야 전염은 아니지만 마음에서 변이가 일어나는 일이거든 사실은 무서운 거야 피할 수 있으면 움직여야지

그거 알지 잠들기 전이 제일 평화롭다는 거

어른이 되기 전 시간들

어디로 갔을까
네가 떠난 지금 나는 서툰 시인의 모습으로 가슴앓이 중이다
은혜 따위 간구하지 않아도 당연한 줄로만 여겼던 너를
찾기 어려워졌다는 사실이 아프다
늘 잘난 이유였고 너로 인해 세상을 두렵게 보지 못한 나였다
내 눈과 귀를 막은 철저한 너의 아집 때문이었다
넌 항상 지는 방법을 몰랐고
시답잖은 말로 누군가의 가슴을 아프게 했다는 사실도 몰랐다
흙수저의 고단함을 탓한 그날도 너는 고집불통이었다
이제 철없던 너를 기억으로만 데려올 수 있다는 현실을 부정하고 싶지만
이런 부정도 결국 나의 밀린 숙제로 남아있다
그래도 네가 미치도록 보고 싶다
오만함의 찰나에 떠나간 너를
눈이 시리도록 그리운 날 네 앞에 나를 놓아두고 싶다
아직도 태워내지 못한 낡은 기억들이 너를 찾고 있다

<

온종일 너를 향한 갈증 때문이 아닐까 착각하는 오늘
하필 소음이 잦아든 창문 밖엔 비가 내린다

바다, 재생하다

광야 같은 어깨를 들썩이는 그는 오늘도 말이 없습니다

짙푸른 손길이 아버지의 손길처럼 든든합니다

오늘은 그에게 살기가 너무 힘들다며, 고백하기로 했습니다

그는 마음의 파편들을 놓고 가라 합니다

그는 수많은 불평의 언어들을 바람이라 해석합니다

그는 원망하지 않는 기억법을 가지고 있기 때문입니다

침묵 언어들이 그에게는 바셀린 거즈처럼 새살을 돋게 합니다

그 넓은 어깨는 배를 넘어지지 않게 합니다

투덜거리고 돌아오는 길 다시 돌아보니

나보다 그의 어깨에는 더 무거운 땅거미가 앉아있습니다

남들은 나보다 큰 어둠을 거역하지 않고 산다는 사실을

한 몸 챙기기 바쁘다는 이유로 미처 깨닫지 못했습니다

수없이 많은 배앓이로 뭇 물고기들을 키우고

찬바람을 데워서 언덕에 소나무를 키우는 그의 가슴

에서

재생하다, 라는 동사를 배웁니다

두부

처음에는 몰랐을 것이다
가진 몸만큼 단단한 삶으로 살 줄만 알았을 것이다
부르튼 살이 간수에 몽글몽글하게 익어가는 동안
자신의 팔자를 직감했을 것이다
뭉개지고 쉽게 으깨지는 자신의 삶이
건방진 인스턴트보다 짧다는 걸 인식했을 때
몸은 뜨거운 열을 토하고 있었을 것이다
숙명을 거부할 권리는 없었을 것이다
체면이 무너질까 남은 힘을 구겨 넣고
반듯하게 살다 갔음을 말하고 싶었을 것이다

살아내는 일이 유통기한처럼 하루하루가 당겨지고
쉰내 나는 몸이 익숙해질 즈음
마지막까지 담백하게 살다 갔을 거라 추측만 할 뿐이다

고려대 평생교육원 시창작과정
2022년 1학기 앤솔로지 18집

흔들리는 오두막집

초판 발행 2022년 9월 5일

지 은 이 : 윤정한 외
홈페이지 : https://cafe.daum.net/e-storymunhak

발 행 인 : 김순진
편 집 장 : 전하라
디 자 인 : 김초롱
발 행 처 : 도서출판 문학공원
등 록 : 2004년 3월 9일 제6-706호
전 화 : 02-2234-1666
팩 스 : 02-2236-1666
홈페이지 : http://www.munhakpark.com/
이 메 일 : 4615562@hanmail.net